条条大路通罗马，

教师的工作就是要了解通往罗马的每条大道，

并为每个学生选择一条最适合他走的路。


帕梅拉 · 麦基翁

Many roads lead to Rome—
the teacher's job is to know them all
and choose the one that suits each pupil.

阅读教育基石计划

# 写给
## 家长与教师的
## 阅读指南

［英］帕梅拉·麦基翁 ◎ 著
张晨 ◎ 译

现代教育出版社
Modern Education Press

# 前　言

　　为什么要**再写**一本关于阅读的书？

　　如何激励儿童进行阅读和书写，以及如何才能迅速让他们掌握其中的技巧，家长和老师们对此都深感焦虑，没有头绪。

　　本书试图通过非技术性的语言，简要概括现代教育中的实践做法。这些做法既可以与某些阅读方案相结合，也可以独立使用，适应地域化或个性化的需求；家长也可在自身观点的基础上参考阅览，从而在不干涉儿童校园学习的前提下，帮助他们获得进步。

　　我们今天对儿童的教育都是为了帮助他们能够应对未知且不可预测的未来。他们要能发挥各类资源的效用，充满自信地应对不断变化的环境。他们的思维能力要具备灵活性和适应性，能准确表达自己的想法，包容吸纳他人的想法，并尽可能避免出现误解。他们要能自由利用发散性或聚合性的思维方式，还要能利用客观和主观的方法进行判断，以及创造性地进行思考，并准确地运用语言。

　　虽然第一手经验是最能说明问题的，但学习效率实在是太低了。为了生存，人类必须学会利用他人的观点和发现，即人类必须通过调查和研究既有成果，站在前人或是同龄人的肩膀上。

上面所讲的这些都依赖于我们的言语能力、听力技巧，以及阅读能力。我们都知道智力的发育和语言的发育之间存在密切联系，但两种发育究竟是如何进行，以及什么时候从哪里开始的，至今仍没有答案。

我们在后面章节中所描述的方法，往往都与周围的环境息息相关，需要建立在儿童对玩耍的自然学习冲动，以及正常儿童发育顺序这一众所周知的概念的基础之上。我们所处的环境既存在着人类，也存在着其他物质，也就是我们要打交道的人和周围其他的生命体或非生命体。在婴儿尚无法自行活动时，他们只能被动接受环境，但当他们的行动能力得到发育后，就会开始主动步入环境之中，探索并试着掌控周围的环境。这种儿童与周围环境之间的相互影响就是最全面意义上的教育。通过这种相互作用，人将得以成功地走向成熟。当然，也可能会不幸地依旧保持着稚嫩的状态，无法适应成年阶段的要求。

卡斯泰尔斯（Carstairs）教授曾对"成熟人士"做出如下定义：

具备实际把握环境的能力

具备坚信自身身份的能力

具备处理实际工作的能力

具备建立人际关系的能力

如果没有可以用于思考和讨论的语言，任何可以帮助我们处理这些情况的能力几乎都无法得到发展。

鉴于学前教育，即针对 5 岁以下儿童的教育的重要性受到越来越多人的重视，家长和教育学家也都在力争能为所有想上幼儿园的家庭提供相应的资源。英国 8/60 号通知 [1] 曾明令禁止各郡增设幼儿园，该通知在 1972 年 12 月才被《教育白皮书：拓展框架》（White Paper *Education: a Framework for Expansion*）宣告撤销。但与此同时，很多家长都借助游戏小组的自助形式，取代了自身对幼儿园的需求。这些小组最具价值的一点，就是为学前教育阶段提供了丰富的学习情景，许多游戏小组的领导者和家长现在都意识到了促进儿童语言发育的必要性。

希望这本小书能够引起家长（尤其是那些游戏小组的领导者）、教师和师范生（即正在学习如何与儿童共处，未来将成为教师的学生）、幼儿园保育人员或医院工作人员的兴趣，使他们及其所照料的孩子都能更为充实地享受儿童成长的过程。笔者的子女、所教授的学生和现在的教师同事对笔者的帮助实难衡量，笔者在此深表感谢。本书所出现的各类纰漏，皆是笔者自身原因导致。

本书所表达的看法仅代表笔者本人观点，不代表布里斯托地方教育机构（Bristol L.E.A.）的观点或政策。

---

[1]　译者注：英国政府相关部门于 1960 年发布的一项通知，要求地方当局将 5 岁以下（不含 5 岁）儿童的在园人数控制在 1957 年的人数范围内。

# 目录

## 第一章

# 语言发展
## Language development

每一种语言都是由肢体动作构成的原始语言的一个分支。

——科林伍德（Collingwood）[1]


1970 年 7 月，英国教育与科学部发布了第 64 号《教育报告》（*Reports on Education*），该报告指出：

过往的研究成果和积累的经验帮助我们更好地理解儿童是怎样学习的，以及他们会遇到哪些困难。教师的任务就是尽可能全面地对儿童的需求做出评估，并使用自身所具备的专业技能满足儿童所需。这要求教师在工作中要具备创造性思维并富有想象力，还要能从市面上大量的阅读方案产品中，挑选适合的图书和材料。这些产品虽然标榜能够帮助儿童学习阅读，但有时却会将语言强加于孩子。即便是系统化的教学方法，也需要在考虑各个阶段阅读动机的前提下，才能达到预期效果。

以前，这些市面上的图书和材料的广告只会出现在教师才会阅览的专业期刊上。如今，有些出版商似乎正在消费父母想要加快孩子学习阅读的焦虑，有些广告似乎还在刻意强化这种焦虑，有本美国出版的图书甚至直接告诫父母：阅读要从婴儿抓起！首先，笔者认为，父母在儿童学习阅读的**意愿**方面，确实有很多有益的事可以做，但前提是要掌握相应的阅读**教学**方

---

[1] 译者注：科林伍德（1889—1943），英国哲学家、历史学家和美学家，表现主义美学的主要代表人之一，毕业于牛津大学哲学系，后留校任教。

法，就像一所优秀教育学院中的师范生一样，学上三年时间。当然，他们也可以选择成为脑袋更为灵光的父母，选择让那些经过专业训练的老师代替自己去完成（间接由**全体**家长支付相关费用），从而达到最佳的教育效果。既然都已经选择了花钱让别人代劳，为何还要亲自动手呢？

其次，训练有素且经验丰富的教师每天都面临着巨大的压力，要对市面上大量的图书和材料进行审查和遴选，常常也会对应该选些什么而感到困惑，甚至难以判断某个新的想法究竟是种有价值的工具，还是仅仅是个时髦的想法而已！我们**唯**一可以肯定的是，语言发育是实现高效阅读和书写不可或缺的存在。语言只有在我们有意愿的情况下才会得到相应的发育。某个愤世嫉俗的人曾写道："如果我们主动教孩子说话，那他们就永远都学不会说话。"这是真的吗？我想这应该完全取决于我们是如何定义"教"这件事的。优秀的母亲会从孩子出生那天起，就教他说话，并引导他产生想要说话的意愿。

言语（Speech）和语言（Language）有什么区别？在词典中二者的区别如下：

语言，即通过文字或清晰的声音表达思想，可以使用任何表达方式。

言语能力，即清晰发出文字声音的能力，所发出的声音就是语言。

有些谚语值得我们花上一两分钟来想一想，例如：

棍棒和石头可能会折断你的骨头，但言语永远不会伤害到你。

事实胜于雄辩。

你为什么不直说呢?

不知说些什么好。

太可爱了，我简直无以言表。

诗人的文字往往能让我们对此产生进一步的体悟:

哈利勒·纪伯伦（Kahlil Gibran）[1] 在《先知》（The Prophet）中如是说:"即便我们在讲话时含混不清、结结巴巴，那也能对自己虚弱的舌头起到强健的效用。"

亚伯拉罕·考利（Abraham Cowley）[2] 则在《先知》中写道:"文字在哭泣，话语在流泪。"

托马斯·格雷（Thomas Gray）[3] 在《诗歌的进步》（Progress of Poesy）中称:"思想在呼吸，文字在燃烧。"

查尔斯·里德（Charles Reade）[4] 认为:"人类的写作技巧虽经历了漫长的发展历程，却仍不幸地落于我们如有神助般的言语艺术之后。"

---

[1] 译者注:哈利勒·纪伯伦（1883—1931），黎巴嫩裔美国诗人、作家、画家。

[2] 译者注:亚伯拉罕·考利（1618—1667），英国作家、诗人、散文家。

[3] 译者注:托马斯·格雷（1716—1771），英国抒情诗人。

[4] 译者注:查尔斯·里德（1814—1884），英国小说家、剧作家。

普布里乌斯·西鲁斯（Publius Syrus）[1] 则表示："言语就是人类心灵的一面镜子——一个人所讲的话就代表着他的为人。"

刘易斯·卡罗尔（Lewis Carroll）[2] 发明了"jabberwocky" [3]（胡言乱语）这个词，其他作家也借助编造出的无意义的单词，为我们的词汇表贡献了不少全新的单词。这些新词往往比传统单词更具表现力，所以我们才会选择使用它们。为何仅仅通过对这些原本不带感情色彩的字母进行重新排列，乃至简单的一个"四字母单词" [4]，就能引发人们出现情绪上的波动？"love" "work" "life" 和 "word" 都是四个字母的单词，但谁都知道这几个单词都不是我们想到的那个"四字母单词"。

人类与其他动物最明显的差异之一，就是人类具有语言能力。动物之间也会**交流**，但人类使用的**文字**远比它们使用的**声音**更为高效，具备更为出色的说明力。文字可以用于传递现实情况和观点、想法，并且可以通过记录的方式，跨越时间和空间。有些人发出的声音要比文字更为微妙。同样，词语的力度也会因说话的方式得以强化或弱化。我必须在书写时使用斜体

---

[1] 译者注：普布里乌斯·西鲁斯（公元前1世纪前后），古罗马拉丁文格言作家。

[2] 译者注：刘易斯·卡罗尔（1832—1898），英国作家、数学家、逻辑学家、圣公会牧师、摄影家。

[3] 编者注：语出刘易斯·卡罗尔的《爱丽丝镜中奇遇记》，是爱丽丝在镜中读到的一首诗名，被认为可归于"英国最荒诞无稽诗歌之列，英国的许多科学家和名人都对这首诗非常感兴趣"。（参见《爱丽丝镜中奇遇记》，冷杉译，人民文学出版社，2016）

[4] 译者注：作者在这里暗指单词 fuck，禁忌语。

字 [1] 这一事实表明，如果在书面文字中失去了对重点的强调，其表达的含义也会相应产生损失，这一点和口语恰恰相反。语言能够激发人类生理和心理方面的欲望，引发身体上的变化（比如多数人在提到柠檬或煎培根时会分泌唾液），也会引发改变历史进程的行为——比如亨利二世的那句"难道就没有一个人能让我摆脱这个麻烦的神父吗？"[2]，或是会以诺言或誓言的方式形成法律约束力，或只在很短的时间里具有重要的意义。语言可以营造或打破紧张、愉悦、压抑、对抗或舒适的氛围，也可以通过严肃或是开玩笑的方式进行表达，但上述这些都要建立在**理解**的基础之上。误解可能会造成严重的后果，也可能造成滑稽的后果——文字的使用既可能是有意为之的，也可能是不知其后果的。综上所述，文字既可以是沟通交流的工具，但同时也可能成为思想传播的壁垒。

人们常常会在想要传递口头或书面知识、信息时使用文字。我们通常会认为第一手经验才是最佳的学习方式，无论所需学习的内容是什么，事实也的确如此。首先，这是人类生命早期唯一可行的学习方式。但相较于人类短暂的寿命及人类所需完

---

[1] 编者注：中文版以加粗格式进行强调。

[2] 译者注：圣托马斯·贝克特（Saint Thomas à Becket，1118—1170），曾于 1162 年至 1170 年任坎特伯雷大主教。当时正值开创了金雀花王朝的亨利二世在位，因政见不合，二人关系始终非常紧张。亨利二世为顺利给儿子举行加冕典礼，撇开贝克特，邀请地位次于坎特伯雷大主教的约克大主教、伦敦主教和索尔兹伯里主教为儿子完成了加冕仪式。贝克特知悉后，当即决定对这三名主教进行处罚，取消其教籍。气急败坏的亨利二世冲他的手下抱怨："Will no one rid me of this turbulent priest?"四个骑士在听到国王的话后，将 rid of 简单理解为"除掉"，并于 1170 年 12 月 29 日私下了结了圣托马斯·贝克特的生命。

成的使命而言，这种学习方式的效率太低了。第一手经验的积累速度真的太慢了，因此我们需要学会利用他人的想法和发现，即各种被记录下来的调查结果。

## 🏃 文字——人类思考的基本工具

苏珊·艾萨克斯（Susan Isaacs）[1] 博士曾表示：

文字是思考的基本工具，儿童的理解过程在没有文字参与的情况下，将不可避免地受到制约。试想一下，正常孩子对命名事物所持有的那种热情，他们对全新的单词和短语是多么感兴趣啊！如果没有了这一认识事物和沟通交流的工具，他们将会失去很多东西，损失掉很多见解和社会阅历。

值得注意的是，艾萨克斯博士的观点是：如果没有文字，儿童的理解过程将不可避免地受到制约。但很多人持有的观点恰恰与她相反，即儿童要在理解的基础上才能学会说话。这似乎是一个悖论，但实际上这两种说法都没错。本书不对语言、言语或智力发育进行学术探讨（这些领域有很多书籍可供希望查阅的读者参考），但时至今日，智力的发育和语言的发育是密不可分的，两者相互依赖、彼此交织，这一点毋庸置疑，而且言语能力也是

---

[1] 译者注：苏珊·艾萨克斯（1885—1948），英国儿童精神分析学家、教育家。

语言发育的重要组成部分（相关概念的形成参见第三章和第四章）。语言的发育和情感平衡的发育同样息息相关。

## 文字——人类释放情绪的媒介

每位父母和老师一定都有过这样的经历：听到孩子在生气时用于释放情绪的语言，并发现当攻击性的情绪可以借助带有侮辱性和愤怒性的词语表达时，他们对使用肢体动作的需求就会有所减弱。很少有成年人从不骂脏话，即便是那些无生命的对象，也会成为怒气的源头，更不必提动物和人等生命了，这些都能成为激发（激怒？）情绪的理由。有些人如果用外语骂脏话，会自认为负罪感少一些。但需要意识到的是，如果我们没有打算使脏话显现出令人震惊的效果，且脱离了相应的情景，那脏话也就不再具备情绪释放的价值了。"bloody"这个词在用于描述手被割伤的状况时和用于表达气恼情绪时，有着截然不同的含义。其实这个单词是对"By our Lady"这句宗教誓言的一种亵渎，但很多使用者对此并不知晓。因此，那些**真的**了解这个单词宗教背景的人会对这种用法深恶痛绝。

### 小结
语言是高度个性化的，与我们的智力发育密切相关，既是说话人和听话人产生情绪的原因，也是他们情绪发生变化后所产生的结果。

# ✌ 语言

语言也会根据使用时所处的文化模式的语境，或是否与宗教、民间礼仪相关，而被赋予额外的特点和重要性。

语言在宗教仪式中有着特殊的重要意义。许多文明都曾认为，当讲出某个特定的名字时，就可以赋予说话人超越常人的力量。所以有些名字就变得太过神圣，甚至不可以完整地说出或写出来。法术和咒语中几乎总是包含那些将受到影响、祝福或诅咒人的名字。童话故事中也会出现类似的咒语，如"芝麻开门！"（芝麻实际上是一种作物的名称！）、"Abracadabra"[1]，或者离现在更近一些的说法"supercalifragilisticexpialidocious"[2]。父母和老师都很清楚给儿童取名会带来的影响，这样做有利于稳定他们的行为举止！我们都喜欢自己的名字能被别人记住，因为它赋予了我们相应的重要性、地位和（或）声望。这一点在日常社交中便可以得到印证，例如"a name to conjure with"[3]（注意这里提到了法术）、"name-dropping"[4] "lending your

---

[1]　译者注：据说是由希伯来语中三个词组成的一段咒语，意为圣父、圣子、圣灵三位一体，通常用于咒语的尾部，与中文的"急急如律令"类似。这个词起源于某种护身符，其字母可被排成倒金字塔形，当作护身符佩戴被认为可以免除疾病和灾祸。金字塔形的每一行减少一个字母，直到三角形顶端只剩下字母 a。传说，当字母消失时，疾病和灾祸也就消失了。
[2]　译者注：《欢乐满人间》的插曲，儿童用于表示赞同或太长的单词时的胡言乱语。
[3]　译者注：能够呼神唤鬼的人名。
[4]　译者注：略提人名以示身份。

name to a transaction" [1] "a name which opens doors" [2] 或 "a name it will pay to remember" [3]。 [4]

我们通常会根据社交场合调整自己的说话方式和措辞。我们在称呼方面有正式和非正式两种。一些技术用语，则往往只有当身边的人都具有相同的技能、身份背景或特定的技艺时，才会派上用场。只有对自己的观点有十足把握，或旨在寻求他人认可时，我们才会表达不同的意见。在面临一无所获，或要尽收囊中的境况时，我们所讲出的话会有所不同。我们还会阿谀奉承，会设法贬低他人，会费时费力地让别人理解自己的意思，甚至还可能会试着去混淆视听。我们会特意使用一些词，来实现鼓励、羞辱、帮助或妨碍的目的。但所有上述这些我们都必须通过学习才能习得。

## 小结

言语能力不是一种能够伴随神经系统成熟而自行发育的技能，不像行走能力那样能自然习得——随着神经系统得到发育，幼儿自然而然就能学会行走（除非他们受迫而无法移动）。

在神经系统做好准备前，再多的练习都无法让幼儿学会坐立、行走、说话，或习得其他技能。另一方面，导致儿童技能

---

[1] 译者注：借名交易。

[2] 译者注：可用作敲门砖的人名。

[3] 译者注：某个值得记住的名字。

[4] 译者注：这些都是与 name 相关的短语或用法。

习得延迟的诱因，可能是其神经系统已发育成熟时，对技能进行练习的机会却被剥夺了。［伊林沃斯（Illingworth）[1]］

我们将上述这些时机称为"敏感期"（sensitive periods）或"关键期"（critical periods）［《普洛登报告》（*Plowden Report*）[2]，第 28 段］。

## 𝐊 好妈妈会教孩子讲话，并训练他们的表达意愿

众所周知，父母往往会很兴奋地期待孩子的成长，看看自己的宝宝究竟是先学会走路，还是先学会说话。无论宝宝先学会哪一项技能，父母都会为此深感骄傲，他们是否真的在宝宝的进步中起到了帮助作用也无关紧要。之前我写道，一位好妈妈从宝宝出生的那天起，就开始教孩子讲话，并训练他的表达**意愿**。当然，使儿童具有表达的意愿是很重要的，这一能力的发育主要依赖于别人多跟他讲话。如果父母只是默默地等待孩子开口说话，往往无法起到鼓励他们讲话的作用。

---

[1]　译者注：罗纳德·斯坦利·伊林沃斯（Ronald Stanley Illingworth，1909—1990），英国儿科医生、儿科学作家。

[2]　译者注：《普洛登报告》，发布于 1967 年，是由普洛登夫人担任主席的英格兰中央教育咨询委员会［Central Advisory Council for Education (England)］就初等教育和中学升学问题所撰写的咨询报告。该报告提出的建议之一是用初等学校和中等学校系统取代幼儿园和初级学校，从而将学生接受中等教育的年龄至少提高到 12 岁，但这一建议并未得到广泛实施。

## ﹅ 言语能力发育的正常顺序

宝宝在降生时会发出表示抗拒的啼哭声，有时如果孩子**没有**哭出来，医生或护士就会采取相应措施来检查他的身体状态，因为宝宝想要活下去，必须一降生就马上学会自主呼吸。在出生之前，母亲会通过一层纤薄的膜状物为腹中的胎儿供氧，这层膜起到隔离二人血液的作用。但在出生后，婴儿需要经历从完全依赖母体到独立生存的漫长过渡之旅，开始学会利用声音、动作，以及后来的文字与人类同胞建立联系。一些权威人士表示，尚未降生的孩子也会发出声音。这当然没错，胎儿确实会对嘈杂的噪声做出一些突然的反应。

起初，母亲可能无法认出自己宝宝的哭声，也无法将其与其他婴儿的哭声区分开。但过不了多久，她就不仅能分辨出自己宝宝的哭声，而且还能辨别出是什么样的感受（情绪）导致宝宝哭泣。婴儿的哭声并非总是在传达痛苦的情绪。儿科医生告诉我们，婴儿的哭泣实际上也是一种运动锻炼，他们可以借此获得相应的满足感。显然，母亲对于这类哭声无须做出任何回应。其他哭声的意味则大不相同，可能意在寻求帮助。按照重要性升序排列，他们也许会因饥饿、忧虑、恐惧（尤其是在听到噪声或跌倒时），或是因尿布脏了而引发的疼痛或不适感而哭泣。这类哭声往往是尖锐且刺耳的，我们对此会产生一种想要回应的冲动。他们用于表达愤怒或失望的哭声则是与众不同的，通常不会伴有流泪。婴儿更具乐感和韵律感，但同时又会给人带来一种酸楚感的哭声，则是用于表达伤心的，并且总会伴有流泪，需要我们给予相应的安抚。幸运的是，最令人痛心的那类哭声我们往往很少能够听到，即婴儿用于表达绝望的哭声，你能从中听出人格崩溃和生存意志终结的意味。

婴儿似乎会尝试不同的哭声，尤其是在他们还没睡着的时候。之后，随着他对发声器官具备了更强的控制力，也会开始与自己的声音玩耍，他会发现自己可以咕咕叫、咯咯笑、呻吟和呜咽，而且他的嘴唇和舌头还能让他发出一些爆破性的声音。这种反复的练习使婴儿原本出于本能的发声，变成了有目的的行为，他会开始学着模仿自己听到的声音。例如，有些婴儿会学着发出喵喵的声音，就像小猫一样。最为重要的是，他还掌握了某些声音所具有的社交价值，并在自己的努力下开始理解其中的因果关系。特定的声音可以将妈妈带到他的身边，使她微笑或皱眉，甚至会让她来陪伴自己，和自己一起玩！很快他就学会了如何与妈妈进行交流，即发出的声音带有明确的预期效果，或是回应妈妈的声音。（使用假人可能会阻碍婴儿习得发声能力，进而延缓他言语能力的发育。）

如果妈妈足够有想象力，就会在靠近宝宝且他还醒着的时候，以及在日常照料中，多和宝宝讲些话。许多有关婴儿的研究证明，如果我们想要他们在情感和语言发育方面取得令人满意的进步，在母亲（或其替代角色）和宝宝间建立起一对一的关系至关重要，这一点毋庸置疑。生活在福利机构中的婴儿很少会发出声音，甚至在他们出生后的 8 周内都会存在这样的情况。测试表明，3 岁儿童的智力发育与其母亲在此阶段对语言的关注度存在关联性。

小宝宝要先感受到某种情绪，然后才会做出相应的行为，他先要感到很生气，然后才会开始哭，并同时做出表达愤怒的行为。但大一点儿的孩子在感受到某种情绪后，会先进行思考，然后再做出反应。［格温·切斯特斯（Gwen Chesters）］

## 🦷 婴儿的早期感知能力

食物的充足、环境的温暖、身体的舒适，或与之相反的情况，都会引发儿童强烈的情绪和身体反应，他们会立刻用声音对外界做出反馈。众所周知，当我们把婴儿从浴缸里抱出来时，他会非常生气，常常会因气恼而出现四肢僵硬的情况，从头到脚都呈现出吓人的猩红色，我们很容易就能将他在这时的哭声解读为愤怒。同样，在他饥肠辘辘的时候，喂食可以使他变得放松且愉悦，他也可能会随之发出一些声音，做些手势。充满爱意的身体接触和成功的喂食经历，对婴儿言语能力的有效发育具有重要的促进作用。

喂食如此，排泄亦然。几个世纪以来，人们一直存在着一个共识，即宝宝会在他喜欢的人身上小便。同样，宝宝的大便也是他送给你的第一份礼物，但往往会被人们迅速处理掉，认为是宝宝不喜欢自己的象征。如果妈妈能够明智且敏感地处理好这个情况，宝宝就可以通过排泄经验和妈妈建立起慷慨、温暖且有爱的关系，并在后续惠及其他家庭成员。过早或过于严苛的如厕训练会对宝宝产生长期的不利影响。通常宝宝在有排泄意愿时会发出某些声音，此时妈妈如果能够给予相应的反馈，就可以起到促进宝宝早期合作意识和社会意识启蒙的作用。这件事值得我们花上些时间和精力。

如今，我们按惯例都会对新生儿进行彻底的检查。显然，婴儿必须具备相应的身体语言器官，既要具备用于辨识声音的听觉能力，还要具备特定的口腔和喉咙构造。如果他的视力发育也是正常的，则会在受到母亲面部表情的刺激时（当然，之后也会在其他家庭成员的刺激下），开始重复一些声音，用于吸引外界的注意，并获得相应称赞。婴儿很快就能掌握一些消极词汇（passive vocabulary）[1]，即理解单词的含义。随后，他会开始模仿这些消极词汇，慢慢建立起自己的积极词汇（active vocabulary）[2]，也就是他可以用来表达含义的词汇。宠物同样具备习得有限消极词汇的能力，但我们不难发现它们更多依赖音色，而非单词本身的含义。同样，婴儿在很长一段时间里其实也是在对语调，而不是在对我们使用的单词做出反应。

多数婴儿会从使用单个词入手，而且主要是使用名词。当然，还有那些对他而言最重要的东西。宝宝对"Da-da-da"和"Ma-ma-ma"这类声音所给予的情感反应，使得这些声响极具教育价值，值得我们反复发出。很明显，跟宝宝说的话越多，让他听到的声音越丰富，他能理解并重视词语含义的速度也就越快。在宝宝学会了爬行及走路后，他能够体验的范围将得到

---

[1] 译者注：消极词汇又称"被动词汇"，指人们在日常交际中起次要作用的词汇。说话人或听话人能够理解，但在生活中不常使用或很少使用、复现率很低的词。

[2] 译者注：积极词汇指人们在日常交际中起主要作用的词汇。说话人或听话人能够共同理解并经常使用、复现率很高的词。

极大拓展，但在能够自行移动前，他只能被动接受外界的环境。同理，如果妈妈足够有想象力的话，她会选择这样做：不用摇晃的玩具和摇铃来装饰宝宝的婴儿车，而是选用一两种重要的材质和特定形状的东西来装饰婴儿车。这样就能将宝宝对自己身体发自本能的探索拓展到对环境的探究。宝宝的活动范围如果长期被限制在婴儿床和婴儿车中，且缺乏来自成年人的陪伴，则不太可能成为一名对语言学习感兴趣且语言意识敏锐的人。在宝宝能够坐立后，要把他放在能看到生活场景的地方，并用枕头牢牢地撑好，让那些会给予其反馈的人能看到他，然后等着宝宝对他们做出回应。

很多宝宝到两岁时就开始能将单词串在一起。这一时期也被称为电报式言语（telegraphic speech）能力阶段 [1]。在这一阶段，宝宝仍然要依赖妈妈帮忙查缺补漏，才能表达出完整的句子。这样一来，他就能在自身的交流需求和日益强化的交流能力间实现平衡，周围环境的混乱状态也会有所改善，逐渐变得有条理、有意义起来。在这段时间里，有想象力的妈妈会和他分享一些其他的经验：宝宝会被拥抱和摇晃着，会听到歌声，会看到展示给他的东西（如书中的图片），他的身体会被爱抚着，伴随着充满兴奋的惊叹"这只小胖猪"。我们大可期盼着孩子爸爸也同样享受他的降生，宝宝还能因此体验到另外一种浓郁的气味、感觉和声音。也许还会因此产生一些更具刺激性的活动或视角，比如从爸爸的肩膀上看看这个世界，在他的双

---

[1]　译者注：电报式言语指婴幼儿最初说出的不完整句子，简洁如同电报用语，多发生在1.5—2岁阶段。

腿之间爬行，头发缠在爸爸的扣子上，听听爸爸手表的声音，等等。这些经历都会赋予声音以意义，并最终赋予单词以含义，没有任何学校可以为如此年幼的孩子做到这些。剥夺孩子这些经历所导致的影响其实很早就已经有所显现了，有些似乎还是不可逆的。看起来言语艺术似乎与儿童早期发育阶段密切相关，对多数儿童而言，语言能力发育的关键期往往是在 3 到 5 岁。针对语言能力发育不良儿童的补救性训练往往收效甚微，对他们而言，最富足的生活背景，无疑是拥有一个有人爱、有话听、有话讲、有人玩的家庭环境，让他们有话可讲，也有人会听他们讲话。

我们家中应该要有藏书，当然还要有读书的成年人，这一点也是至关重要的。儿童的很多成长发育，都源自对共同生活的哥哥、姐姐和成年人的模仿。在过去二三十年间，虽然学龄儿童的句长和词汇量都有所提升，但英国教育与科学部的统计数据表明，英国仍然存在大量藏书少于 5 本的家庭（29%）。当然，从公共图书馆借书并非难事，因此如果父母能够认识到读书的重要性，通过借书的方式也可以对家庭藏书过少的问题有所补救。但借来的书终究和自己家的书是不一样的，因为家里的藏书你可以随时拿来阅读和重读。

## 小结

儿童会通过听别人讲话和跟别人讲话来学习说话。因此，父母其实在这方面也可以做出重要贡献，如果能够享受宝宝的陪伴，并对他试图与父母交流的努力表示肯定，那他就能够毫不费力地产生进行阅读的意愿。在儿童可以自行走入环境之前，他只能被动地接受外界的环境。

## ❥ 语言的结构

语言既有含义，又存在相应的结构。如果要将含义从一个人传递给另一个人，我们必须先对单词进行识别，然后再按照公认的顺序将单词串在一起，从而实现传递含义的目的。某个单词的含义在说者和听者脑海中可能并不相同，这一点常常为我们所忘却。目前还没人能确定我们究竟是如何掌握这种单词顺序的，也没人能确切地知晓儿童对句法的理解是如何实现迁移的。只有当他们的尝试以失败告终时，才会引起我们的注意。但即便如此，我们通常也无法认识到儿童所从事任务的重要性。例如，"I' d better do that bettn' t I？"就是错误的，但"I should do that shouldn' t I？"就是对的！[1] 这是为什么？我们怎么会知道？

多数儿童到六七岁时已经掌握了非常复杂的词汇组织结构。他们也许会认同莫里哀（Molière）[2]的话，他曾表示："四十年来，我竟自己都不知道，我一直讲的是散文。"儿童将会形成属于自己的消极和积极词汇表，学会使用长句和各种词性，运用更复杂的语法或一定程度的口语和正式用语。很多这个年龄段的孩子已经学会了讲俏皮话、开玩笑、编谜语，或使用双关语。他们在讲话时通常会带有节奏，并借助音调上的变化来表达含义和意图，早期重复成年人讲话的趋势会有所弱化。他

---

[1] 译者注：原文中的两句英文想要使用的句式为反义疑问句。当陈述部分使用 had better 时，反义疑问句部分原则使用 hadn't；当陈述部分使用 should 时，反义疑问句可以使用 shouldn't。

[2] 译者注：莫里哀（1622—1673），法国戏剧家、演员、戏剧活动家、古典主义喜剧创建者、法国芭蕾舞喜剧创始人，代表作品有《无病呻吟》《伪君子》等。

们不会再跟以前一样，不论有没有人在听，都在那里自顾自地讲话。现如今，他们要有听众才会讲话。他们还学会了要考虑说话者的观点，并试图施加自己的影响，也学会了坚持自己的观点，或是放弃某个观点而去支持另外一个观点。这与我们所讲的自我中心性（不顾他人）大相径庭，标志着儿童的成长发育向着社会化的方向迈出了重要一步。

就这一点而言，我们也不知道他们究竟是如何实现的。我们只知道，如果没有来自父母、家人，以及后续其他人类同胞的持续支持和深切关注，儿童的上述转变是无法实现的。只有他们得到关爱并学会用爱回报，这种变化才会发生。我们还认识到，如果儿童在开始接受义务教育前，也就是5岁左右的时候，仍未具备良好的语言能力，虽尚有补救的可能，但这一过程将会极其困难。

## 小结

良好的言语范本和情感支持是儿童学习讲话的必要条件，学龄前是他们这一能力发育的关键时期。

卢梭（Rousseau）[1] 表示："如果孩子根本不喜欢书本，那教他读书又有何用？"

社会环境和文化模式的变迁产生了一个悖论：具备阅读能力的必要性既在强化，同时也在弱化。现如今，电视、广播、

---

[1] 译者注：卢梭（1712—1778），法国启蒙运动代表人物之一，启蒙思想家、哲学家、教育家、文学家、民主政论家和浪漫主义文学流派的开创者。

电影院、剧院、游戏厅为人们提供了丰富的娱乐方式，因此阅读的必要性呈现出弱化的趋势。电话的广泛使用取代了书信的地位。人们的行动更加自如，可以随心所欲地去旅行。但曾经，书籍是个人和家庭最主要的娱乐源泉，交谈和写信备受青睐。反过来讲，我们所处生活环境的文件化趋势也要比以往严重得多：大量的表格需要我们去阅读和填写，更多的标识和广告需要我们进行浏览，报纸、杂志和其他低俗文学的数量大幅增加。大量因娱乐和商业目的形成的记录需要保存，而且还无法全部使用胶卷、磁带或计算机存储。文盲或阅读能力较差的人所面临的困境依旧严峻。能否抓住校园中的机遇，甚至是高等教育或继续教育中的机会，在很大程度上取决于我们能否轻松、快速地进行阅读，甚至是像某些人提到的，能否满怀愉悦地进行阅读。这就难怪父母和老师都一致认同阅读能力非常重要了。阅读绝非一个简单的科目而已，几乎所有科目的学习都需要借此才能开启。

许多儿童离开校园时掌握的阅读技能相当有限，以至于很快就消失殆尽了，这是我们的教育体系中很糟糕的一个现象。在笔者看来，如果在教授儿童学习阅读的时候，伴随他们的是恐惧或厌恶感，那么这种教育方式的价值就微乎其微。通过这种方式学会的东西也会很快被忘掉。本书后面的章节就是为了能为大家提供一些可供儿童学习阅读所使用的方法，从而让他们可以更好地享受文字的乐趣，能够永久掌握好这项技能，消除他们对阅读活动会产生厌恶感的心理暗示，或他们对失败的心理预设。笔者认为，其实我们在阅读教育方面具备很多"行之有效"的教学方法，而教师的技能则体现在她[1]了解很多种可供替换的不同方法，并能根据儿童的个体天赋和存在的问题，采用最合适的教学方法进行教学活动。

## 🏃 父母支持儿童的重要性

对老师的支持程度、是否要求对儿童接受的教学方法进行解释，这两点决定了父母在儿童学习方面究竟是会帮上忙，还是起着干扰作用。基于对这些问题的了解，父母就能有效避免对孩子进行带有伤害性或破坏性的观察和比较。父母最大的贡献在于能够在家中为儿童提供相应的语言环境：鼓励交谈、分享和享受书籍、讲述和创作故事、哼唱歌谣，将这些都视作天经地义的事。此外，父母对儿童在适当时候自然就能学会阅读这一点深信不疑，丝毫不会因孩子的进度而焦虑的态度也很重要。

无论是走到大街上去买份报纸，还是看别人修理电话线，或是吃一顿大餐来庆祝家庭节日，**只要**儿童能够享受其中，并可以对其进行讨论，任何形式的探险都是有价值的。对乡下的孩子来说，从篱笆中收集鲜花、树叶、鹅卵石或羊毛是件很有趣的事。但城里的孩子却可以得到父母的帮助，帮他去"收集"商店橱窗中或汽车上花花绿绿的各式商品，或是漂亮的包装纸，或是房屋的模型。对儿童而言，最重要的是能在彼此的陪伴中感

---

[1] 编者注：在这里，作者将教师默认为女性，似乎是某种"笔误"，但其正彰显出了作者创作时社会对儿童教育工作主要应由女性来承担的倾向。为尊重原著及呈现当时的写作生态，未做更改，后文亦同。

受到的愉悦感，以及他们共同的经历和伴随其间的交谈。正是这些赋予了这个家庭以"富庶"的生活环境。一个 4 岁的孩子表示扁桃体让他的嗓子有些肿痛，因此他的嗓音有些"dark"。虽然他选用"dark"这个词不是很准确，但听到的人都能理解他的感受，也能明白他的意思 [1]。

唐·弗雷泽（Don Fraser）曾打趣道："沟通在当下所面临的最大问题，就是愿意沟通的人太少了。"我们可能会对此付之一笑，有些人可能会报以苦笑，但我们要注意到一个基本事实：沟通的建立完全取决于听话人的意愿，但仅有意愿仍不够。在后文中，我会各用一个章节的内容来讨论听觉辨别力的发育和视觉辨别力的发育这两个问题，因为这是人类语言沟通最主要的两种方式。

## 小结
在帮助儿童语言能力发育方面，父母有很多有益的事可以做。而在语言情感的重要性方面，需要所有与儿童共事和照顾他们的人都能具备更强的敏锐感，并有意识地为此付出努力。

---

[1] 译者注：dark 用作形容词时，其本义是黑暗的、昏暗的、忧郁的，常用来形容某类物体的颜色或某人的情绪状态。但在本文提到的情境中，因为听者与孩子具有共同的生活经历，当儿童使用 dark 来形容自己因病导致的沙哑嗓音时，听者并不会因此时的搭配不当而产生误解。

■ 第二章

# 阅读准备阶段
## Reading readiness

成年人努力改善环境，而儿童则努力完善自我。

——蒙台梭利（Montessori）[1]

欲速则不达！


如果要给阅读准备阶段下个定义，那我们必须首先明确一下什么是阅读技能。《简编牛津大辞典》（*The Shorter Oxford Dictionary*）在"reading"的名词词条下有九条释义：阅读活动；花费在阅读活动上的时间；阅读材料；读书会；朗诵会；段落的阅读方式；理解和解读；气压计或温度计的读数；议案宣读（立法机关审议法案的程序）。作为动词使用时，"read"词条有五条释义：大声说出书写或印刷的内容；发现和理解符号；研读；学习；通过观察学习。在日常生活中，正是"大声说出书写或印刷的内容"，更确切地说是儿童**无法**"大声说出书写或印刷的内容"这一问题，导致父母、儿童和教师这个"三人小组"产生了焦虑心理。但在早期阶段后，多数人会花费大量的时间用于默读，而这需要不同技能的加持才能实现，因为在默读和大声朗读各种书面材料时，所用到的技能是不同的。有些文本需要缓慢、细致且审慎地进行阅读和重读；其他文本则只需略读即可；有时还需具备"一眼见真章"的能力，就直接选定还是拒绝做出决定。当阅读的目的在于消遣时，很多人会选择词汇难度较低和语言风格较简单的文本。在阅读某些外文材料时，对眼球运动方向可能也会有不同的要求：从左至右，

---

[1] 译者注：玛丽亚·蒙台梭利（Maria Montessori，1870—1952），意大利幼儿教育家，意大利第一位女医生和女性医学博士，女权主义者，蒙台梭利教育法创始人。

自上而下，这是英语的正常阅读顺序。这种眼球运动方向的差异很可能会降低阅读的速度。同时，我们也要明白，有些人是无法掌握默读技能的（参见第五章）。

## 什么是阅读?

就我而言，有两个对阅读的定义最具价值。一则是约翰·唐宁（John Downing）[1] 在《初级教学字母表与正字法之辩》（*tω bεε or not to be*）一书中提出的："总的来说，阅读就是一种破译密码的行为。"另一则是弗雷德·舍内尔（Fred Schonell）[2] 教授提出的，他将文字识别 [3] 定义为"一个将各种词汇、字母组合和单个字母结合起来的过程"，此外，他还强调了"文字必定蕴含信息，而非仅仅是机械化的图案"（参见第五章）。

美国有句谚语："当其他方法都失败了，那就看看说明书吧！"这是一句看似讥讽，实则见解深刻的评述。这句话提出了一个假设：如果我们看了说明书，那就应该能够解决当前面临的问题。但不幸的是，能够阅读文字，并不意味着就一定能理解或领会文字的含义。任何一家商业公司都可以给出这样的客户案例：明明客户已经阅读了说明书，并试图遵照执行，但最终结果却代价惨重。在很多人的脑海中，这些官方材料的效果往往不尽如人意。因此，要想通过书面和印刷文字进行交流确实是一件非常困难的事。

---

[1]　译者注：约翰·唐宁（1922—1987），英国教育学家。

[2]　译者注：弗雷泽·舍内尔（1900—1969），澳大利亚教育家。

[3]　译者注：指阅读。

# ![图标] 阅读的"机械式"技能："三联关系"

大致来说，阅读的"机械式"技能包括：

1. 视觉能力，即辨别、认出文字的能力。
2. 准确说出或想到这些文字的能力。
3. 从说出或想到的文字中提取含义的能力。

这种"三联关系"是一项非常复杂的技能，有赖于多种因素的共同作用，其中既有我们能够控制的，也有超出我们控制的，但更多的是后者，即我们无法控制的因素。

当我们回忆学习阅读遇到的困难时，多数人的记忆都是非常模糊的，有些人学会阅读前那段时间的记忆甚至是空白的。为了充分理解儿童所遇到的困难，现在要剥夺你的一些能力：

（a）多年的阅读经验，包括借助默读和有声诵读方式获得的全部经验；

（b）从各种阅读材料中获得的愉悦感；

（c）大部分已掌握的消极和积极词汇；

（d）对自己能够进行阅读和理解文字系统的信心；

（e）双眼近乎本能地自左至右的眼球运动；

（f）其他很多与阅读相关的技能，如措辞、语调和其他表达技巧。

## ⚠ 敏感期或关键期

　　我对基于发展哲学的教育方法持支持态度，坚信人类在心理方面存在着某个重要时期，即敏感期或关键期。换句话说，这可能就是我们学习阅读的最佳时期，即习得、辨别和解读文字或数字等符号的能力的最佳时期。对于多数儿童而言，他们会在**大约** 4 到 5 岁时经历"言语能力发育关键期"。在这一阶段，儿童如果处于具备相应语言刺激的环境中，就可以习得大量的口语词汇。生活在语言环境优渥的家庭中的儿童，到 5 岁时有望习得 5000 个单词。而生活在语言环境贫瘠的家庭中的儿童，这一数量可能只有 300 个。在言语能力发育关键期过后，儿童的大脑会得到进一步发育，为阅读和书写技能的习得提供相应条件。值得注意的是，从历史上看，人类往往会按照相反的顺序习得这些技能，即书写技能的习得先于阅读技能。但在现代文明中，阅读先于书写的顺序却更为常见。

　　莉莲·德·莉萨（Lillian de Lissa）[1] 在《幼儿园生活》（*Life in the Nursery School*）中写道：

　　儿童的学习能力不是绝对的，会受到身体结构和神经肌肉协调性的限制。只有当人类的大脑用于控制身体运动的区域发育完善后，与思维和心理活动相关的中枢才能够正常运转。这是教育必须遵守的自然法则之一。

---

[1]　译者注：莉莲·德·莉萨（1885—1967），澳大利亚和英国幼儿教育家、教育理论家。

# ⚔ 感官发育

艾琳·M. 丘吉尔（Eileen M. Churchill）[1] 在《计算和测量》（*Counting and Measuring*）中写道：

考虑到身体发育和情感满足的需要，有关允许儿童自由活动、摆弄各种不同物品的建议往往是合乎情理的。需要认识到，儿童可以通过自由活动和触摸物品，了解自己的身体及周围环境。在这一阶段，他们所接收到的所有重要信息都只能通过运动感官形成，无法借助其他方式获得。

如果我们对上面这两种说法持支持态度（现代医学研究无疑是支持的），那么学校就必须要为儿童提供富于语言刺激的环境。就如同英国教育与科学部宣传册——《有目的的学习》（*Learning for a Purpose*）中所说的那样：一所托儿所（nursery school）[2] 要"努力为儿童提供能够开启感官感受、点燃想象火种、拓展体验空间的环境"。说这一标准也同样适用于幼儿园（infant school）[3] 和小学，应该没人会反对吧？自然物、人造物，以及与之相关的所有事物——声音、气味、味道、颜色、质地等，这些对象都能让我们做出相应的反应，无论我们是否

---

[1] 译者注：艾琳·M.丘吉尔，英国心理学家、教师。1933 年至 1945 年曾任初级中学和文法学校教师，在此期间萌生了对幼儿教师培训工作的兴趣。

[2] 译者注：面向 2 至 5 岁儿童，重点强调通过游戏进行学习。

[3] 译者注：面向 5 至 7 岁儿童，属于小学教育的一部分。

喜欢它们给自己带来的感受，也许是欣然接受，也可能是极力抗拒。而教师的任务就是帮助儿童将这些感受翻译成文字。优秀的教师更多会用语言进行表达，也就是说，她会将儿童感受到的体验用文字表达出来，通过融入具有相应趣味性且措辞准确的设问，引导他们使用新认识的单词，或是将这些单词由他们的消极词汇转变为积极词汇（参见第四章）。显然，第一手经验是赋予单词含义至关重要的一环，例如硬、软、热、冷、湿、干等，当我们需要理解这些单词的含义时，第一手经验都是最直接的。而像善意或嫉妒这类抽象概念，则只能随着儿童社会交往范围的扩大，由理解这些抽象概念含义的成年人帮他们厘清后，才能赋予其相应的含义。

亚里士多德（Aristotle）[1] 曾表示，"感觉先于思想而存在"，因此教师必须保证儿童不仅能享有内在和外在的感官体验，更要能将这些体验与语言关联起来。我们通常认为人类具有五类感官，即视觉、听觉、味觉、嗅觉和触觉。但实际上，最后一个，也就是触觉，往往涉及很多方面，如重量感主要是一种内在体验，即对肌肉的拉力，但同时也是一种触觉体验。我们所说的"忐忑不安"（butterflies in the stomach）又是另外一种内在体验。触觉体验同样也是多方面的，能区分不同程度的热度、质地、压力、痛感等，我们需要帮助儿童选择合适的单词用于描述这些感受。个人的观察和体验是开展后续学习活动最坚实的基础，借助多元化和多样性的观察和体验，儿童得以形成泛化和抽象能力，并能经得起时间的考验。

---

[1] 译者注：亚里士多德（公元前 384—前 322），世界古代史上伟大的哲学家、科学家和教育家之一，古希腊哲学的集大成者。

# ❭❭ 阅读"准备阶段"

不久前，人们普遍认为具备 6 岁以上的心理年龄是开始正式阅读教学的必要前提。就个人而言，我不清楚有什么方法可以准确衡量小朋友的心理年龄。不过，我对阅读"准备阶段"的观念是持认同态度的，因为这个观念兼顾到了儿童成长的诸多方面。如果能将后面列出的几点也都考虑进来的话，那么我们对儿童的观察应该就足够充分了，可以借此判断应以何种合适的体验方式，为儿童提供哪些体验内容，以及应如何同时对儿童的语言进行刺激。

## 小结

我想明确说明的是，我认为我们不应只是被动地等待儿童做好学习阅读的准备工作，就像我们等待阳光普照大地，或雨滴掉落到地面上那样！我们可以借助有所准备的环境和恰当玩耍的刺激，促进并加速儿童准备就绪状态的出现。

# ❭❭ 游戏及其重要性

游戏既是学习的动力，也是学习的手段。这是一项自愿且使人倍感愉悦的活动，目的纯粹，对每个儿童来说都至关重要。他们成长过程中的各个方面都可以借助这项活动获得令人满意的发展。游戏的类型应包括体能类、智力类、社交类和情感类，应能够引导儿童建立平和的内心和稳定的心态。

## ⚔ 游戏的不同阶段

广义而言，儿童会经历五个游戏阶段：单人游戏阶段、旁观游戏阶段、平行游戏阶段、协同游戏阶段和合作游戏阶段。

**1. 单人游戏阶段。**这一阶段可能源于摇篮时期，从最初对自身肢体的关注，慢慢扩展到对周围环境的探索，直至后来对整个外部环境的探究。但单人游戏应该是贯穿人的一生的，也许垂钓就是一个典型的例子吧。

**2. 旁观游戏阶段。**这是社会化过程的重要组成部分。9 个月大的宝宝在看到妈妈干活时，或看到稍大的孩子在游戏时，就已经开始出现了从绝对自我意识（即以自我为中心）向寻求与他人融合和认同转化的趋势。这种游戏同样也会贯穿人的一生，但也有可能会逐步恶化，导致个体无法充分发挥自我能力，乃至最终变成具有侵略性的或情绪不受控制的体育迷。

**3. 平行游戏阶段。**这一阶段很容易引发成年人的焦虑。当儿童在游戏时可能还会有其他小朋友在场，但他却并未通过手势或言语，表现出想邀请他们加入的意愿。不过，儿童出现这种状态其实也很正常，这是他们走出以自我为中心前必须经历的一个阶段。

**4. 协同游戏阶段。**首先，这一阶段持续的时间非常短暂。条件比较好的学校会提供相应的设备设施，刺激学生开展此类活动。在这一阶段中，简单的跷跷板和摇摇船已无法满足儿童单人游戏的需求。当儿童意识到其他小朋友不会威胁到自己与成年人的关系，反而可以充当有用的游戏素材时，游

戏角 [1]、茶具套装和靓装巧扮的服装往往都会成为他们一起游戏的对象。

**5. 合作游戏阶段。**起初，这类活动通常由成年人主导，是言语刺激的产物，往往会在成年人离场后结束。最终，多数儿童将形成足够的自控力，支持他们开展集体游戏活动，至少这种自控力能够维持一小段时间。当集体游戏进化到最复杂的模式时，就会演变为成人世界的俱乐部和社团组织。

## ▮ 教师的角色和游戏的类型

我们对教师这一角色的要求是很高的。她必须能够通过观察每名儿童的游戏熟练程度，对他入学前的经历进行评估，从而借助提供相应的游戏素材来补足（完善）他的家庭教育。如果教师提供的素材能够满足儿童的需要，这将有助于实现他在自信心与独立性方面的发展，提高他对校园及身边环境的兴趣，形成解决问题所需的恒心、专注力和毅力，提高他的情绪稳定性，并强化他的言语能力和理解能力。儿童将借此步入更高一级的游戏阶段，即社会合作和自我控制阶段。在一个符合需求的游戏情景中，每名儿童的成熟发育过程都会被教师记录在案，他们还会将时间和注意力投入儿童尚未取得相应进展的领域。对儿童语言能力的发育而言，富有想象力和建设性的游戏

---

[1]　译者注：学校等空间里孩子玩室内游戏的场所。

活动至关重要。每个孩子都会时不时地存在退步的情况，但当儿童出现持续性的退步或异常的行为举止时，我们就需要寻求专家的帮助，尽早将他们转至校园中的医疗服务部门诊治。

市面上有很多商业化生产的记录卡，可用于对儿童的阅读准备阶段进行评估，但很多老师还是更愿意亲手制作自己使用的记录卡。一般来说，在对儿童阅读准备阶段进行评估时，我们需要考虑的方面包括：身体状况、智力状况、社交和情感状态。

**1. 身体状况。**儿童是否身体健康、感官灵敏、精力充沛？他的视觉、听觉和发声能力是否良好？他的总体肌肉发育是否协调？他的精细肌肉控制力，如对手部和眼部肌肉的控制能力如何？他能否操作工具？能否轻松且迅速地自己穿好衣服？（有关视觉和听觉辨别力方面的详细内容，参见第五章和第六章）

**2. 智力状况。**他是否对文字和 / 或图书表现出兴趣？能否完成一项或两项指令？能否在听到某个故事后，按照故事线索将其复述出来？能否提出问题，并理解答案？他是否能够记住日常的事情，如教室中材料和工具摆放的位置，回忆并描述家里的事情，提前想起某些人的生日或某些节日？他对言语符号或数字符号是否有所反应？ [1]

**3. 社交和情感状态。**这可能是阅读准备阶段最重要的领域：在正式教学活动开始前，让儿童具备足够稳定且成熟的情感状态，使其能够承受犯错或失望所引发的负面情绪，这一点至关重

---

[1] 作者注：通常很难对智力状况进行评估或将其利用起来。有些被认为迟钝的孩子，事实上只是在听力方面存在一些障碍。对于请医生和 / 或教育心理专家对儿童进行测验这件事，真的没必要犹豫不决。这并不代表父母或老师的能力不足，实际上其意义与之恰恰相反。

要。儿童往往会从彼此身上学到很多东西，因此他们通常先要与同龄人形成足够丰富的成功接触后，才能达到阅读准备就绪的状态。但不幸的是，父母往往会在这一阶段急于求成，并将自己的焦虑转嫁到儿童身上，对其情感稳定性的发育造成阻碍。

儿童在家庭中富有想象力的游戏，也许就是阅读准备阶段最好的指南。我们可以看到儿童模仿大人读书的行为，或者在给扮演听众的玩偶"读书"，虽然他可能把书还拿反了。以前，只要谱架上放着纸质材料，我儿子就会开始"弹奏"钢琴，即使谱架上放的是《金融时报》（*Financial Times*）或电话簿。有些儿童甚至还会主动要求成年人教他们阅读，但这种情况往往只会出现在一些言语资源丰富的家庭之中。当儿童进行阅读的意愿源于父母的压力，没有感受到因书中的故事或对插图的讨论等而产生的愉悦感时，这种情况非常危险。鉴于此，社会上出现了对有技巧的亲职教育（parent education）[1] 的倡议及对"欲速则不达"观念的理解。后者表达了对义务教育的强烈控诉，认为正是在义务教育中采用的一些错误的教学方法，最终导致年轻人中仍存在"文盲"的现状。显而易见，这些"文盲"学习阅读的经历是如此令人反感，以至于一旦没有人强迫其阅读，他就不再继续，并很快就丧失了这一技能。卢梭在一百多年前就曾提出："如果孩子根本不喜欢书本，那教他读书又有何用？"真的是这样吗？

---

[1]　译者注：亲职教育是指对家长如何成为一名合格称职的好家长进行的专门化教育。俄罗斯学者称之为"家长教育"或"家长的教育"。亲职教育属于成人教育的范畴。

图 2-1 展示了与阅读学习问题相关的各类观点，同时给出了可能导致失败的原因。

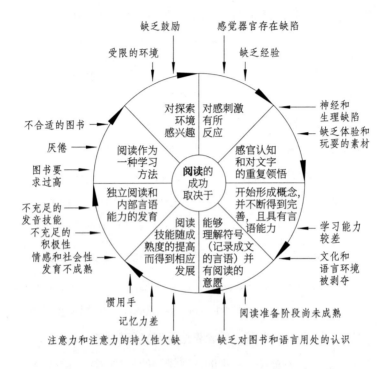

图 2-1 阅读学习成功或失败的原因

阅读教育要想取得成功，有两点更为重要：

（a）教师必须自行组织教学方法，并清楚地了解各类可供替换的方法，从而满足学生的个性化需求；

（b）教师必须能够意识到父母或教师的期望对儿童的重要性，以及他们会因此产生的自尊情绪。

我女儿就曾患有阅读障碍，因此，我很清楚自己欠老师们一份人情，他们始终让我女儿坚信自己一定能够学会阅读。"一事成功百事达"，正如查丽蒂·詹姆斯（Charity James）[1] 所言，每个孩子都应体验到"大量的成功经历"。教师的能力则正体现于她每天都能为班上的孩子创造出这样的成功体验，这可不是件容易的事。

　　大众倾向于对学校因在组织游戏方面浪费了太多时间而提出批评。很不幸，我们只有"play"这一个词用来形容这种"悠闲"的感觉，即仅仅是在消磨时光，与干活或其他同类活动呈现截然相反的状态。"play"这个词其实还有其他释义，如职业选手"打"（play）比赛，其中"打"（play）的含义就很正式，所有观众都能意识到选手为此所需付出的努力。蒙田（Montaigne）[2] 曾写道，"虽然儿童的游戏不是一个运动项目，但我们真的应将其视作他们最正式的一种行为举动"，同时，"儿童只有在游戏时付出努力，才能在学习时倍感轻松"。梅兰妮·克莱因（Melanie Klein）[3] 也曾提醒，"无法参与游戏活动是儿童患有神经症的一大症状"。温尼科特（Winnicott）[4] 博士则

---

[1] 译者注：查丽蒂·詹姆斯（生卒年不详），著有《超越习俗：一个教育者的旅途》《岌岌可危的年轻生命：青少年的教育》等。

[2] 译者注：米歇尔·德·蒙田（Michel de Montaigne，1533—1592），文艺复兴时期法国思想家、作家。阅历广博，思路开阔，行文无束，以《随笔集》三卷留名后世，其散文对弗兰西斯·培根、莎士比亚等产生了很大影响。

[3] 译者注：梅兰妮·克莱因（1882—1960），生于奥地利，英国精神分析学家，以幼儿研究和儿童精神分析领域的成果而闻名。

[4] 译者注：唐纳德·伍兹·温尼科特（Donald Woods Winnicott，1896—1971），英国儿科医生、精神分析学家，20世纪20年代后期第一批接受精神分析师培训的专家之一。

表示，"据说游戏如同讲话一样，也可以用于藏匿自己的想法。实际上，也许我们通过游戏想表达的是更深层次的某种观点"。

## 小结

### 环境塑造儿童

——多萝西·劳·诺尔蒂（Dorothy Law Nolte）[1]

在批评中长大的儿童

学会了责难他人

在敌意中长大的儿童

学会了好勇斗狠

在嘲弄中长大的儿童

学会了消极退缩

在羞辱中长大的儿童

学会了自责难安

在宽容中长大的儿童

学会了耐心忍耐

在鼓励中长大的儿童

学会了自信信赖

在赞美中长大的儿童

学会了感恩欣赏

在公平中长大的儿童

学会了刚直正义

---

[1] 译者注：多萝西·劳·诺尔蒂（1924—2005），美国诗人、儿童教育专家、儿童教育机构创始人，毕生贡献于家庭教育。

在安全中长大的儿童

学会了信任他人

在称赞中长大的儿童

学会了自爱己身

在接纳与友善中长大的儿童

学会了付出真爱

## 🏅 课堂组织方式

许多学校现已摒弃了传统的课堂组织方式，不再将学生按年龄分班，分配单独的教室，并安排一名教师负责整个班级的教学活动。部分学校采用了完全开放式的课堂组织模式。"家庭式"混龄编组（family or vertical grouping）模式 [1] 使得教师坚信，每名儿童都是独特的个体，应为他们提供相应的环境，激发并鼓励他们的好奇心，从而促使他们更好地学习。在这些学校中，学生可以自由流动，会同比自己年长或年幼的儿童一起学习。当然，他们遇到的这些孩子可能比自己更有天赋，也可能还不如自己。他们还能在这种课堂组织模式下接触到在学校中工作的各类成年人。人们普遍认为某种非正式的工作组织模式会对我们的语言发展起到刺激和鼓励作用，这种组织模式通常被我们称作"工作坊"。

---

[1] 译者注：指在幼儿学校中，将不同年龄的儿童合并在同一个小组中进行学习的模式。

有些教师认为同一间教室中如果出现过大的年龄跨度，既会对年龄最小的儿童造成压力，也可能使教学活动无法满足年龄最大的儿童的需求。按照上述家庭编组模式组织起来的课堂，学生间的年龄差多在 18 个月或 2 岁之间。鉴于这一问题，这些教师更倾向于采用传统模式的课堂组织方式。这种观点的基本理念与家庭编组模式其实并无二致，都旨在帮助每名儿童发现并利用好自己的能力，逐步实现从以自我为中心向社会化蜕变，借助多种方式刺激儿童的语言发展和交流能力：通过有形的、口头的和书面的、具象化的以及抽象化的素材，为儿童提供提升自身智力水平的机会。

　　在非正式的课堂组织模式中，组织、计划和教学记录的保存是最重要的环节（参见第十一章）。教师们需要每日（甚至更频繁地）进行协商沟通，从而确保不同教师虽然在教学目标和方法上可能（或应该）有所差异，但最终都能彼此相融，为学生营造出具有连贯性和统一意义的学习环境。教师还要基于实际情况，评估学生所取得的进步，确保后续教学或 / 和体验能够与学生的发展状态相衔接，保证他们的能力能够有所提高。直接教学法（direct teaching）[1] 需要借助一对一的形式进行，而小组、大组或班级形式的教学活动则需借助口述教学法（dictates）[2] 开展。校园中的教学空间要经过专门的设计建造，

[1]　译者注：直接教学法即显性教学，也可称为教师中心教学法。其特点主要表现为：教师指导和控制、对学生进步期盼值高、学生理论学习的有效时间最大化，以及教师竭尽全力最小化负面影响等。
[2]　译者注：口述教学法是教师通过口头语言向学生传授知识的教学方法，包括讲述、讲解和讲演三种方式。

或进行改造，以适应不同的分组规模。随着儿童的发育成熟度不断加深，他们可以独立学习的时间越来越长，也更愿意接受在一天或一周的计划中为他们安排更多的任务，我们对他们在学习活动中所能取得成果的总体标准也会提升。同时，他们对待学习任务的积极态度也会在这一过程中得到相应强化。就像《教师建议手册》（*Handbook of Suggestions for Teachers*）所讲到的那样，"在正确的时机提供相应的教育机会，是教育环境框架的另一个重要方面"，"能够将经验转变为文字是儿童智力发育的基础条件"。

教师的职责就是要为学生提供这样一个外界环境，使他们可以在此实现阅读准备就绪的状态，并抓住这一环境所提供的每次机会，不断强化自己的准备就绪状态。

■ 第三章

# 象征主义
## Symbolism

教师究竟要教什么？单词！单词！单词！

——夸美纽斯（Comenius）[1]

 

人类的沟通交流显然不仅仅局限于文字形式。很多时候，肢体接触更能令我们感到满意或安心，能起到更为强烈的刺激或安抚作用。不过，社会交往主要还是依赖于那些掌握语言能力的人，甚至是那些掌握一种及以上语言，还能在翻译时将两种语言的细微差异凸显出来的人。英语可能是世界上词汇资源最丰富的语言，这很大程度上是因为人们意识到，当某个对象在英语中没有完全对等的单词时，英语就会从其他语言中提炼出一个词，并迅速将这个新词与英语实现融合。而像 role 这样的单词，它们的不同含义间也存在着细微差别！像 milieu（社会环境）、verandah（游廊）、liaison（联络）、blitz（闪电战）和 aperitif（开胃酒），这些词在英语中已经完全实现了归化。[2]有时，我们也会错误地编造出一些新词，如像儿童会误用的 cowardish[3]、hoghedge[4]；或有意为之地"误用"，如出于时

---

[1] 译者注：扬·阿姆斯·夸美纽斯（Johann Amos Comenius，1592—1670），捷克教育家，西方近代教育理论奠基人，被誉为"教育学之父"。

[2] 译者注：milieu，源于古法语；verandah，源于葡萄牙语；liaison，源于中古法语；blitz，源于德语；aperitif，源于古法语。

[3] 译者注：cowardish 是对 coward 的误用。

[4] 译者注：hoghedge 是对 hog 和 hedge 错误的结合。

尚目的出现的 greige[1] 和 furgora[2]，或是 damn bombage[3] 和其他的一些战时俚语。

有时，术语也会出现"野蛮发育"的情况，衍生出一些失败的单词或短语，例如：因直接仿照而衍生出的错误形态（如仿照 normative 形态错误衍生出的 summatative），或使用了不当的词语搭配（如错将 weak 与 risky 直接连用表示"低风险"，仿照 self-other differences 搭配组合成 self-admired differences，未考虑感情色彩变化而使用贬义性的 judgmental 进行搭配组词）。

此外，有些单词还具有双重含义，可能在口语上用于表示某个意思，而在专业语境中则用于表示另外一个意思，如 model[4]、accommodation[5]、nipple[6]、principal[7] 和 mouse[8]。

---

[1]　译者注：greige，grey 和 beige 的结合，指米灰色。

[2]　译者注：furgora，fur 和 angora 的结合，指一种短毛绒帽。

[3]　译者注：bombage，bomb 和 age 的结合，即充满炸弹、轰炸的时代或时期，用于表达对战争的不满情绪。

[4]　译者注：模特 / 模型。

[5]　译者注：食宿 / 调解。

[6]　译者注：乳头 / 喷嘴。

[7]　译者注：校长 / 当事人。

[8]　译者注：老鼠 / 鼠标。

## 📖 文字是复杂的符号

文字是所有符号中最为复杂的一种，不仅需要听话人能够理解说话人所经历的情景和他赋予所用文字的含义，同时还要为理解说话人的意思付出相应的努力。鉴于此，我们有必要先来讨论一下其他相对简单一些的符号体系。

符号的历史十分悠久，自从人类产生了分享感受、记录经历或传递文化模式、组织策略和宗教信仰，以及掌控周遭环境或不想任其摆布的需求时，符号就开始存在了。但人类在解读符号的同时，还需不断创造新的符号。有些符号可能貌似与它所代表的对象毫无共性，但却可能与这个符号在人类脑海中形成的图像息息相关，与之存在着强烈的情感关联。对符号的正确解读，可以强化人类对于符号的认识及相关含义的理解。那么我们在解读符号前，又在做些什么呢？

如今，人们普遍会将某些事物定义为**身份的象征**，如一辆新车、一栋豪宅、昂贵的食物和娱乐活动、华丽的衣服、将孩子送到皇室学校就读等。某些似乎毫无意义的事物或行为变得价值非凡，如：钢琴模型，甚至那些往往会与之搭配出现的按大小售卖的真书或假书；抑或虽然家里没有电视，那也要立上一根天线。这些都是我们熟知的会在生活中出现的情况。我们真的要问问自己，这些行为到底满足了我们的哪些**需求**？或者说，这些事物或行为对于拥有他们的人而言**代表**着什么？

## ⚠ 符号的不同类型

符号的定义如下：

（a）利用图像、自然或事物的特性，对道德或精神对象的示意或描绘；

（b）对内在精神意义外在呈现的假想；

（c）一种约定俗成或任意的标志，可以有效简化数学和科学记录，如国际速记使用的标记及 $f$、%、$H_2O$ 等。

戈德曼（Goldman）曾表示："符号象征与它所象征的内容之间是等值的。我们每天都在以各种方式运用符号。我们能看到符号，能充当符号，能听到符号，能讲出符号。"

注意他在提到符号时所罗列的顺序，这与人类的发展进程是一一对应的。没错，言语（words）[1] 是最晚出现的。

婴儿最早接触到的人类符号来自成年人的触摸。他们对拥抱和摇晃会迅速做出反应，当成年人心情烦躁地抱着他们，或是让他们没有安全感时，婴儿会变得焦躁不安。这种体验很快就会与他们观察成年人面部表情时所产生的视觉愉悦感相结合，并会因自己成功得到回应而迅速得以巩固。也就是说，父母应将宝宝认出自己时所做出的微笑动作视如珍宝，并将这一行为视为他在智力、情感和沟通方面有所进步的迹象。不久之后，宝宝就会开始对声音做出反应，并能预料到妈妈或其他家庭成

---

[1] 译者注：我们在口语中使用的符号。

员的视线，很可能在看到妈妈脸庞前就已经笑了出来。宝宝对这种迹象或符号的解读非常明确：这是出于本能的一种行为。

## ⅄ 信号

随着儿童肌肉控制能力得到相应的发育，他们的微笑既可能出于不受控的本能反应，也可能是他们有意为之。作为成年人，即便心里感觉真的很好笑，我们也能克制住自己的笑意。不过我们现在已经知道了自己的微笑对儿童而言兼具认可的意味，所以也会担心自己的微笑会对儿童释放错误的**信号**，偏离我们教育的本意。我们的微笑对儿童而言很可能会变成一种信号，成为对他们做出某一行为的鼓励，比如对着孩子笑一笑，鼓励他从比之前更高的板子上跳下来，或当作对儿童反复做出某个行为的奖励，比如对儿童做出的某个有帮助或有礼貌的行为施以微笑表示感谢。

我们在做出面部表情时往往还会伴有一些手势动作，有时这些面部表情甚至还可能被手势动作所取代。儿童很快就能理解招手示意、用手指指东西这些动作的用意。尚不会说话的宝宝就已经会借助用手指指东西、指自己的身体等方式发出指令，表达他们所掌握的消极词汇的含义。同样，他们出于本能的手势动作很快也会成为有意的举动，并迅速演变成具有明确象征意义的示意动作或习惯性动作。在不同国家，动作的含义可能会大相径庭，很容易被人们所误解，产生或是可笑或是可悲的结果。因此，才会有"入乡随俗"这样的谚语，只有按此行事我们才不会在不经意间冒犯他人。事实上，我们必须学会对符号做出反应。凯普斯（Kepes）[1] 在《标志、图像和符号》（*Sign, Image, Symbol*）一书中写道："只有那些学会了辨别和解读符号含义的人，才能根据所在群体的要求和期望做出相应的回应"，"几个世纪以来，人类关于符号的激烈争论始终未停，那些致力于改进和完善符号的人对此尤为热衷，认为符号的存在已经超越了人类感官所能觉察的现实世界"。

## 🎲 儿童游戏从象征性到具象性的发展过程

所有父母都熟知儿童的游戏行为从象征性到具象性的发展顺序。年龄很小的儿童喜欢"假扮"角色来"过家家"。我的孩子会花上好几个小时跑来跑去——稍大时会踩着滑板车或者三轮车来回跑——售卖从商店取来的假想商品，并获得同样假想的收入。他们的动作有时会非常逼真，比如递出一磅香肠或一瓶果汁，而在其他时候随便挥下手就足够了。同样，他们对我在行为真实性方面的要求也是有所差异的，有时摸一下手掌表示付钱，但有时则需要用三个独立的动作暗示支付了三便士。后来，他们可以用一块石头来代表黄油，但付款时则需要用些具体的东西，比如一片叶子或一朵雏菊。如果儿童自己随便摘片叶子递给我当钱用，对他来说，这样的效果也同样能令他感

---

[1] 译者注：捷尔吉·凯普斯（György Kepes, 1906—2001），匈牙利裔美国画家、艺术理论家、设计师、摄影师、教师和作家，对许多设计领域产生了相当大的影响。

到心满意足！有时，他们会小心谨慎地保管这些"钱"，有时则会在用完后立马将其丢在一旁。多数人偶尔会配合他们归还这些"钱"，以便下次交易时还能使用。如果我们对儿童这样的游戏活动进行分析，会明显发现那些在我们看来完全冲突的角色和思维顺序，对他们而言并没有什么不合逻辑的地方。

## 𝕂 儿童绘画的象征意义

儿童绘画的象征意义会在游戏的象征意义之后出现（第五章和第六章还会再次谈及这个话题）。相信每位家长都曾收到过这样的"信件"，上面满是各种涂鸦，情况好些的会在一页上有节奏地排成很多行，这种行为体现了儿童对成年人书写活动的细致观察和模仿。众所周知，儿童绘画的顺序是从软体生物入手，经平面化人像，最终过渡到稀奇古怪的半透明人物的，如图 3-1 所示。直到童年中期阶段，对于是否需要将人物画得更具象些这一问题，儿童仍未显现出任何焦虑迹象。因此，就需要有好心的成年人对儿童的绘画行为进行干预，打破他们对自身绘画能力的自信和自我保护。但告诫他们该"如何"绘画不仅是一项极为傲慢的举动，还存在极高的危险性。来自成年人的建议会干扰他们的思维，可能会令儿童感到困惑，甚至抑制他们智力水平的发育。至少，这会令儿童灰心丧气，很可能会导致他们出现退步的情况，只重复绘制那些已经得到成年人认可的东西，不敢进一步去探索和尝试新鲜事物。这自然会抑制他们的进步。

软体生物　　　　　　　　　　　　　　　　　　　　　　

上楼梯或爬山　　　　乱跑和玩得很开心　　　天使或飞机

图 3-1

注：儿童的画作象征着人物形象，即已知的事物，以及运动状态。

如图 3-2 所示，符号是由直线构成的。万字符的起源可追溯到公元前 4000 年。部分专家认为万字符是一种象征太阳的符号，广泛分布于波斯、希腊、塞浦路斯、印度、日本、中国等地。

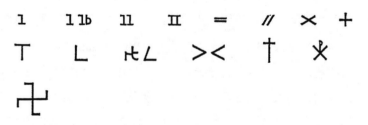

图 3-2

对符号的解读会因经验的丰富程度，或解读者的个性而发生变化。"情人眼里出西施"当然是没错的，这表明情感意义也会影响我们的判断。在造物者面前，很少有人能够成为无所畏惧的批判者！在儿童大部分成长过程中，他们都要学着不直抒胸臆。以礼相待、诚实和善良这些概念往往会被权宜之计和懂事的表现所取代，这真的会让小朋友感到困惑。我时常会因成年人对儿童感受的漠不关心而感到震惊，这一点通过他们在看到儿童作品时所给出的批评就有所体现。他们还会将儿童的感知力与成年人相比较，夸耀自己可以借助感知力对"隐藏"于朋友或同事行为或用词中那些暗含的冷落或臆想的责备做出反应。对此，每位教师都需保持警惕，不要随便点评学生或仓促地对他们做出评价，这会使他们产生挫败感或备受打击。有一次，一个 6 岁的孩子让我真切地意识到了这一点。我在走廊里发现他正拉着校园里一只小猫的尾巴，这只被俘获的小猫痛苦的叫声，一下子就击入了我的内心深处。出于自认为道义上的愤慨，我对那个孩子说："你这样拉着小猫的尾巴是不对的，它多可怜啊。"那个小孩抬起绯红的小脸看着我，说道："我没有在拉它。是小猫在拉着我！我只是在握着它的尾巴！"我很庆幸这个孩子能够出言保护自己，免受不公的指责！问题得到了解决，当然是"我错了"，是我错误地解读了一个动作或是符号，且错误认定了其背后的动机。

## ▶ 我们的故事和幻想遗产

人类出于认识和掌控所处环境的需要，创造出了想象中的事物，以及丰富的故事与幻想，这些都是我们的宝贵遗产。人类会将诸如雷、电这样的自然现象归因于超自然的力量和无比强大的神明，但这些力量或神明却依旧饱受嫉妒、骄傲和艳羡等人类弱点的支配。我们还真是比照自己的样子创造了神明！人类试图通过赎罪，献祭自己珍视的东西，或是还愿仪式（常包含音乐、舞蹈和咒语），来保佑自己免遭不幸或灾祸。我们会借助历史上真实存在的英雄的故事，或是想象中的人物、神明或超自然生物的故事，对那些可以接受的行为予以鼓励，对那些反社会的行为予以劝阻。传说、传奇、《圣经》故事、神话、民间故事和寓言，这些都有助于我们理解人类的行为和需求。事实上，对弥诺陶洛斯（Minotaur）[1]、独角兽、凤凰或龙的故事，或是农牧神、仙女、塞壬（Siren）[2]、精灵、矮人、美人鱼、女巫这些角色，抑或人们熟知的飞马珀伽索斯（Pegasus）[3]、天马斯雷普尼尔（Sleipnir）[4]、圣·杰罗姆（St Jerome）的狮子[5]，乃至圣母玛利亚的羊羔等故事，都可以有多种解读方式，这意味着我们对自身动机和行为的被迫质疑是完全合理的。

---

[1]　译者注：希腊神话中的牛头人身怪。

[2]　译者注：希腊神话中人身鸟足的女妖，住在地中海小岛上，常以美妙的歌声引诱航海者失神，致航船触礁沉没。

[3]　译者注：希腊神话中的马神，为美杜莎与海神波塞冬所生。

[4]　译者注：北欧神话中奥丁的坐骑，为一匹八足神马。

[5]　译者注：圣·杰罗姆，《圣经》翻译家，被认为是学识最高的拉丁语神职人员。传说他曾遇到一只受伤的狮子，并为狮子取出了伤口中的刺，狮子伤愈后，便一直陪伴着杰罗姆。

为了透彻理解自己的孩子或学生，家长和教师必须清楚地认识到，作为人类表达和交流的一种方式，我们对符号的需求会反复出现。有时，那些被视作道德问题的情形，如"真"/"假"、"我的"/"你的"、"自私的"/"无私的"这类概念，如果我们能将它们置于成长发育的过程中来看，也许能够帮助我们更准确地理解和做出判断，即从缺乏对他人和自然环境的理解起步，逐步依靠自己的努力，发展到可以对事件和人类的交往做出可靠的解读，这是一个漫长的成长过程。许多成年人似乎对儿童画作精细程度的要求相对而言没那么苛刻，但在语言、行为的技巧和标准方面，他们对儿童的要求却极其复杂严苛，且认为这样做并无不妥。

## ▶ 主观和客观判断

　　在按照视觉、动觉和听说对符号进行分类讨论前，我们首先要将人类的主观反应和客观反应区分开来。我们通常会认为自己是在客观地判断问题，但实际上我们依赖的往往仍是自己的主观标准。我们来做个小测试，请你来判断一下"我认为（I think）……"这三个字是否可以或应当作为前提，插入你所表达的句子中。客观的判断可以用普适的标准进行衡量，如一磅苹果、一米绳子、十便士，这些都是毋庸置疑的，除非我们将衡量、匹配或计数的准确性也考虑进来，那情况可能又会不同了。

## 概念发展

关于美的概念，以及善良、真理、风格的概念，都属于价值判断。也就是说，我们在对这些概念做出判断时，可以或应当在句子的前面插入“我认为……”，而且这种认识也会随着个人见识的拓展或经验的积累而发生改变。我们可以用儿童建立“狗”这个词概念的过程来举个例子。在我儿子 18 个月大时，他从一匹高头大马身下走过，摸着它的肚子亲切地呢喃道“好狗狗”。毫无疑问，他已经能够分辨马和狗之间共有的一些特征了，但他的经验太有限了，尚不能准确区分二者的异同。后来，他和妹妹又被一只哈巴狗给弄糊涂了，他们期待着它会像猫一样喵喵地叫！再后来，他们已经能够区分大多数狗的品种了，但在遇到像小牛一样大的大丹犬、爱尔兰狼犬，以及像小猫一样小的吉娃娃犬时，又感到迷茫了。在了解到相对大小并不会改变“狗”的物种属性后，他们开始进一步研究起狗的品种来，花了一段时间“收集”了有关各类不同品种狗的信息。虽然这个过程很漫长，但他们现在确实能将标准贵宾犬的幼犬和迷你贵宾犬的成年犬区分开了。如果他们对于不同品种狗的兴趣能够一直维持下去，也许就能在观察力方面有所提高，并积累下足够的经验，都可以去给某些品种犬的表演做评委了。但上述这种经验仍然只是一种主观价值判断，即便这类判断已为许多人所接受。

近来，开始有人试图弱化考试中的主观价值判断，并试着强化其客观技术性，这样一来他们就可以对答案提出相应的要求，可以客观评判考试的结果。本书在此关头讨论这一问题的目的是希望能给家长和其他成年人提个建议：分数和评价本身就是象征性的，要对之慎重解读和给予关注。如今，随着学生和教师对分数或成绩重要性的认识不断提高，人们在校园中使用分数或成绩的意愿变得越来越低。我对这一趋势深表认同，坚信对不同的学生进行比较会有损他们的个性，并会对他们的进步有所抑制。直白来讲，大家都会有动力成为第 1 名而非第 3 名，但对于排第 24 名而非第 27 名，我不认为其中的动力与前者是等同的。最可悲的是，只要存在第 1 名，就一**定**有人是最后一名。这种对学生带有竞争性的评估行为直接忽视了个体差异切实存在的实际情况，忽略了儿童倾向于通过自己的进步或退步，迎合共同生活者的期望这一已知信息。家长和教师无疑是所有与儿童共同生活的人中最具影响力的，但随着儿童逐渐长大，他们对同龄人的重视程度很快就会追赶上来，这些同龄人的重要性最终将超越教师和家长的影响力。因此，我认为我们必须时刻保持警惕，对自己呈现给儿童的面部表情、动作，以及其他各类示意和信号所蕴含的象征意义，都要具有敏锐的意识。同样，我们还要尽量以最不显眼的方式，想方设法了解儿童是如何解读我们这些行为的。在此我想说的是，要想保护好儿童的幸福安康，建立坦诚、信任的家校关系显然至关重要。


## 📹 记录第一手经验

在讨论符号问题时，我们势必要回顾一下自己为记录第一手经验所尝试过的各种方法。儿童用于展示自身经历最原始的方式之一，就是在游戏和模仿行为中重现他所经历的事情。因此，我们往往都很熟悉这样的情景：儿童在某个阶段会喜欢扮演其他人物、事物或动物。当然，这也要取决于他在家中的经历能否给他提供相应的环境。一个敏感的成年人很快就会将儿童的这种趋势利用起来，比如：递给一个疲惫的孩子一根棍子，让他像骑小马一样，自己骑着回家；或建议他说，让我们来学鸭子走，或学小狗跑，或学小鸟一样飞着回家。我们会通过称呼他"好狗狗"，来哄他吃晚饭；或是对那些不想睡觉的宝宝讲，我们盖上被子"睡觉觉"，"就像你的泰迪熊一样"。

不久之后，我们也会加入儿童的模拟商店、校园、游行，或其他夸张的扮演游戏中。这些活动往往还会掺杂着具有象征意义的儿歌或咒语，或借助身体上的动作、拉拉歌[1]或程式化的动作，向参与游戏的人传递某些信息。我们可以通过模拟示范、制作模型，或借用影片等视觉材料的方式，实现知识、技巧和技能的传递。但上面这些方式都只能提供与之相关的象征意义，而非第一手经验。我们会使用收音机、磁带和光盘，或带有简化符号的示教图（flannelgraph）[2]和磁吸板，但这些材料的效用需要建立在儿童能够正确解读相关内容的基础上。（所以这样做真的使我们的教学活动变简单了吗？）图表和地图就更为复杂了，它们与现实生活的差异往往最大。直到最后，单词才

---

[1]　译者注：无意义的押韵，通常用于在儿童游戏中点数。

[2]　译者注：示教图是一种教师在讲述故事过程中，向学生提供视觉辅助的教学工具。通常为一块置于画架上的覆盖有法兰绒织物的板子（类似于毛毡）。在使用时，教师会根据讲述内容，提前在板子上准备好背景，以及附有法兰绒背贴的人物、物体剪纸。随着故事情节的展开，教师会移动板上相应的人物或物体，向学生提供视觉辅助，帮助他们更好地理解故事内容。

会应运而生，但其中还不乏像"cleave"[1] 这类兼具截然相反含义的单词。

符号既能帮助我们突破语言屏障，如国际电码、音乐符号和信号旗的应用，同时我们也会受到相应的制约，如当我们对有些地区或国家的标志进行解读时，往往需要具有丰富的当地居住经历和独特的视角，或极其丰富的知识储备才能看懂，对科学或数学公式的解读也同样如此。而有些符号只会用于国家庆典、宗教仪式，或是应用于广告、宣传，以期产生信息畸变的效果。所有这些符号都需经过评估和解读后，我们才能理解其中的含义。

## ⚔ 情感和象征主义

在我们习惯了借助言语进行沟通后，遇到对方虽然能看到，但却听不到的情况时，还是会重新回归借用手势动作进行交流的方式。这种情况会令人倍感受挫，而且小朋友很可能会频繁遇到这类情况：他们**在生理上**确实听到了那些单词的声音，但在理解其中的含义时，**大脑**却又似乎并没有听到。我们往往会忽视儿童情感的力量，以及他们要理解相应含义的迫切性。通常情况下，**我们**在遇到问题时是能耐得住性子的，因为经验告诉我们，情况并没有那么凶险或可怕，我们还是有可能获得成

---

[1]　译者注：在不同语境下，cleave 具有"裂开"和"紧贴"两种截然相反的含义。

功的。这段时间的痛苦终会结束，失望也还能容忍，误解也可以纠正，错误也有望更改，损失也是可以弥补的。但儿童却尚未掌握这样的能力，他们需要经年累月的经历才能产生这样的信念。有时，我们本打算通过对单词的解释达到慰藉儿童情绪的效果，但对他们而言，我们可能只是用一个未知的单词替换了另外一个未知的单词。"与人同乐，其乐更乐。与人分忧，其忧减半。"的确没错，但分享并不是一种无意识的行为，未知的事物通常会给儿童带来威胁感。我们不能过于高估儿童对全新经历的适应能力。对于父母和教师而言，最明智的做法是尽可能只改变环境的一部分：确保在熟悉的环境中介绍陌生的成年人给儿童认识；或在认识且可信任的成年人的陪伴下，将他们引入全新的环境。

## ⮀ 视觉符号

　　儿童对于自己亲眼看到的信息往往坚信不疑，但他也会"看到"自己的小猫在跑起来时有八条腿，走路的时候有四条腿，坐下时却一条腿都没有，生活就是这么令人难以捉摸。我们可能会对此付之一笑，但在埃及墓葬壁画中却出现了与儿童所见相同的情景：一匹马在画中呈站立姿态，拥有八条腿而非四条腿。这表达了马正处于运动的状态！我女儿以大致相同的风格，在她的画上画了两个太阳，用以表示这是炎热的一天。成年人对儿童涂鸦作品轻率的评价或质疑，很可能会伤害她独立思考的能力及传递自身想法的尝试。有个小朋友曾跟我说："我首先要思考，然后才会把我的想法画出来。"我算老几？竟能告诉他该怎样画画，该怎样思考？

在此，我想引用戈德曼的符号分类体系作为本段的小结：

"我们能看到符号，能充当符号，能听到符号，能讲出符号。"通过对绘画风格的研究，我们发现了大量的视觉符号，包括人类对光影运用的兴趣和按照透视关系作画的尝试、印象画派和立体画派的差异、对一些现代符号的运用和简化、色彩运用的写实性和象征性，在文学作品中我们也能发现与之相似的差异。在这方面，对文化差异知之甚少再次成为我们的短板所在。白色在英国象征着快乐、纯真和婚礼（如果在白色与羽毛间建立起关联性，则象征懦弱），而在印度则象征着哀悼；黄色在欧洲象征着怯懦和背叛，但在东方则象征着神圣；诸如此类，不胜枚举。不识字的人或许也能看懂红绿灯、商店的标志（不仅包括理发店门口的灯柱，其源于中世纪，上面混杂的血色象征着外科医生；还有代表酒坊的灌木丛等）、图腾柱或十二生肖标识的魔力、面具的含义、羊毛标志和其他的商标、五线谱和舞蹈符号、旗子、纹章、学校和俱乐部或大学的徽章和围巾、军队和教会的徽章、诉讼律师用于表明贵族身份的丝袍或丝绦、雕像和墓碑，以及地图和气象标志。万字符就是个很好的例子：左旋象征着邪恶，右旋则象征着诸事顺遂，这两种画法真的太像了。视觉感知的另一个问题则与惯用手相关，仅仅一个错误就可能引发灾难性的后果。

# ▌ 仪式

常言道："行动胜于雄辩！"在日常生活中，我们会借助很多动作来表达自身的意图，或控制相应的行为。我们会彼此握手，出于多种原因并以不同方式与人亲吻，行跪拜礼，鞠躬，或在加冕桂冠时向他人致敬（加冕仪式是真是假无关紧要），或向对方赠送橄榄枝，用以表达我们对他的信赖（这当然仅具备象征性的意味），并假定对方也能理解我们的用意。我们的有些动作属于仪式性行为：战时和庆祝胜利时的舞蹈，五朔节（the Maypole）[1] 的舞蹈，莫里斯舞（Morris dances）[2] 和庆典、丰收仪式，赎罪舞和其他的宗教动作、姿势或舞蹈，十字架或出于玷污宗教用意的行为的黑色弥撒行为和标志。有些符号源于人类的模仿行为，如我们出于对动物自然伪装行为的模仿，发明了相应的人造伪装，还有演艺"事业"[3] 和愚人节的传统，都属于模仿行为。有些符号是一些仪式的重要组成部分，比如在洗礼、婚礼、加冕仪式和忏悔仪式中所运用的某些符号。我们需要特别留意的是附于这些动作行为之上，与之密切相关的情感意义。现代教育实践已经摒弃了要求儿童保持缄默、静态的课堂教学方式，人们已经意识到运动本身就是一种交流，对人类语言发展能够产生强有力的助力效果。

---

[1] 译者注：欧洲民间传统节日，用以祭祀树神、谷物神，庆祝农业收获及春天的来临。

[2] 译者注：舞者常常会打扮成传奇人物的样子。

[3] 译者注：影视作品对现实生活行为的模仿再现。

# 🅨 听觉符号

自己的名字大概是我们所能听到的最具情感意义的符号了。紧随其后，就是父母、兄妹和家中之物的名字。言语本身就源自人类用于表达情绪的声音，如咕咕声、笑声、哭声、呻吟声、呜咽声、叹息声，而且我们说话时的音色往往比所用词语更具深意。人为制造的声音会向我们发出某些行为信号，如口哨、汽笛、电话铃响、闹钟的声响。一些特殊的声音还可以用于表达认同情绪，如我们鼓掌、欢呼时发出的声音，或借用"快来听，快来听！""太棒了！""再来一个！"这些表述方式所发出的声音。通过对声音的巧妙安排，我们可以营造出愉悦或悲伤的氛围，创作出音乐、歌曲、诗歌及其他文学作品，或发出沉闷的鼓声、哀鸣声、号哭声，乃至演奏出送葬曲。有些声音在某些场合具有特殊含义，如教堂的钟声、礼炮声、水手长的哨声、拉开大幕前的三声钟响、莫尔斯电码的声音。

# 🅨 言语及其向记录成文语言的发展

我们听到的词语和说出的词语之间存在细微的差别。在人类的生理方面存在这样一种现实情况：鼻窦和头骨的生理结构决定了我们所发出的声音在自己听来和别人听来是不一样的，而且小鸟能"讲话"这件事也不是真实存在的，它只是模仿了人类的用词，但并不理解其中的含义。我想应该没人因为虎皮鹦鹉会讲"God save the Queen"（天佑女王），就说它是个爱国者吧？我们需要通过背诵的方式学会说话时会用到的符号，但这只是一种单纯的模仿行为。在此之后，我们才会借助自己所讲的有人听且能得到相应认可时所产生的愉悦感，最终掌握这些符号的含义。基于听觉和口语辨别能力的提高、经验的积累、社会接触面的拓展，以及对使用言语工具的需求，我们会不断重复已经学会的词语，从而使自己言语的准确性更上一层楼。

多数人最终会以书写或打字的形式记录文字。这些写出来或打出来的符号实际上就是早期文明中图画、象形文字、方块字、字母和图标等符号的替代品。幸运的是，我们使用的文字（英文）是根据它的发音记录下来的，这与需要记上千个方块字的中文截然不同。但与此同时，不幸的是，我们的语言是不规则的，其中存在着太多的例外情况。

## 抽象概念

我们还借助语言（既包括口头的，也包括记录成文字的）形成了相应的抽象概念，如脑海中的想法、文学作品、辩论活动、推理行为、计划和预期，以及其他以保护和教育儿童为目的的教学方法。我们还会借助符号对某些特定类型的感受及行为给予鼓励或劝诫，如升旗仪式、国旗和国歌、校服和其他类型的制服、密码和座右铭、商标、邮戳等符号的作用。出于勾起人们对天堂的向往，或隐藏其使用功能的目的，建筑物会被我们建造成特定的样子。多数产品为了促销，都会在包装和广告上布满各种符号。广告往往能勾起我们更为原始的欲望，如优越感、性征服感、对拥有高超智力的骄傲感、在意或是厌弃的感受，以及各种情绪、志向或态度。

如今，心理医生及其对梦境象征意义的解读，取代了古代先知的地位和作用。罗夏测验（Rorschach test）[1] 的目的是帮助我们揭示受检者的态度和情绪反应。同时，童谣可能也有着母亲意想不到的重要意义，比如：在《圣保罗教堂的塔尖》（Upon Paul's Steeple）[2] 中，苹果实际象征着被处决人的头颅；在《吹号角的小杰克》（Little Jack Horner）[3] 中，掬客的垂涎之物其实是被没收的庄园的地契。视觉双关语（将在第五章详述）同样具有相应的象征意义，但也存在一定的误导性，因为我们会假定这些词的含义对听者和我们自己是一样的！

父母和教师必须不断寻找新的方法，以帮助儿童理解自己想要表达的意思，并试着努力理解儿童想要表达的含义。要将哪些符号呈现给儿童？应在何时以何种方式呈现这些符号？这些问题值得我们审慎思考。符号与意象、想象力和语言发展有着怎样的关联？就本质而言，符号通常具有双重含义，喜剧演员使用的"双关语"就是利用了符号的这一特性。但当儿童

---

[1]　译者注：罗夏测验是由瑞士精神科医生、精神病学家赫尔曼·罗夏（Hermann Rorschach，1884—1922）在1921年设计的投射型人格测验，用于测查被试人的认知、想象力和人格，广泛应用于临床心理学。原始版本包括10张图：5张黑色图，2张黑色加部分红色图，3张彩色图。被试人回答内容、回答部位、决定回答的因素等方面的差异，可反映出其不同的精神心理状态。

[2]　译者注：一首流传于中世纪的童谣。

[3]　译者注：这首童谣最早的版本可追溯至18世纪的英国，童谣中的Jack Horner起源于一个古老的童话故事《煎锅与男孩》（The Fryer and the Boy）。

因"pilot"（飞行员）和"Pilate"（彼拉多）[1]，以及"the flight[2] into Egypt"（飞往埃及的航班）这些词语或短句感到困惑时，他们可能并不会因此而感受到双关语带来的趣味性。品森特（Pinsent）曾写道："没有文字，学生就永远无法超越其直观具象的经验和感官方面的经验，也无法基于此建立起完善的抽象概念和普遍原理，那么科学、数学以及伦理学也就都不可能存在于世了。"我想再大胆地补充一点，对符号含义的理解也是科学、数学以及伦理学存在于世的必要前提。我们在生活中总会不断运用视觉、听觉和触觉符号，因此必须时刻保持警觉，确保儿童能够学会这些生动且富于表现力的交流方式，从而可以在他们想要使用这些符号时能够具有多样化的选择。教师很容易在教学活动中过度依赖文字，因此我们也要不断提醒自己：**讲了**并不意味着就是教了，**听了**也并不意味着就是会了。不过话说回来，偶尔也可能会出现上面所述情形，即仅依靠文字就能传递相应的含义，但这种情况需要教师经过深思熟虑，且儿童还要具备相应能力才能予以分辨。象征主义既会对儿童的交流造成妨碍，也会对他们的交流产生促进效果。我们绝不能只靠碰运气来实现儿童在语言发育方面从本能行为到有意识、有目的性地试图传递信息和想法的这种发展顺序。小朋友是一种会完全按字面意义进行理解的生物，会因"cold feet"（胆怯）、"water in one's veins"（冷若冰霜）、"chicken-hearted"（胆小）等说法而感到困惑。但话说回来，要是能一直享受成

---

[1]　译者注：pilot 和 Pilate 的发音相同。
[2]　译者注：flight 有多个含义，可能会使儿童产生困惑。

年人亲切的对待，也没人嘲笑自己，谁又愿意去厘清这些关系呢。

## 小结

怀特海[1]：

自由社会的巧妙之处，首先在于维系有一套可供正常使用的符号体系。其次在于无惧于对这套符号体系进行修订，从而确保其中的符号能够满足出于进步目的而产生的各类使用需求。那些无法将对符号的崇拜与对其自由修订相结合的社会，最终必然或因无政府状态而衰败，或因"符号无用"的阴霾对生活所产生的遏制，而在萎靡中缓缓消逝。

学校作为社会的重要组成部分，其代理人（即教师）也需审视反思自己所使用的各种符号。

---

[1] 译者注：阿尔弗雷德·诺思·怀特海（Alfred North Whitehead，1861—1947），英国数学家、哲学家。

## 第四章

# 配对、分类和分级
## Matching, sorting and grading

如果某个情况是你迫于外在压力而自己探索发现的，那就会在你的脑海中留下一道印痕，当需要它的时候你可以随时调取。

——利希滕贝格（Lichtenberg）[1]

在上一章中，我们以笔者的孩子有关"小狗"的认识脉络为例，简要概述了孩子对"狗"这一概念的建立过程。现在，我们要更详尽地讨论一下概念形成的问题，以及父母和教师应该如何帮助儿童建立起持久且准确的概念。纳菲尔德数学项目（The Nuffield Mathematics Project）[2] 以一段中国的古语作为其格言：

闻之不若见之
见之不若知之
知之不若行之 [3]

但这段话并未提及语言发展的问题，而没有这一基础，我们无法验证自己的所见所闻是否准确，或所做之事是否有价值。就像亚里士多德说的那样："感觉先于思想而存在。"

---

[1]　译者注：格奥尔格·克里斯托夫·利希滕贝格（Georg Christoph Lichtenberg，1742—1799），德国物理学家、讽刺作家和格言作家，以嘲讽形而上学和浪漫主义的过度行为而闻名。

[2]　译者注：纳菲尔德数学项目，其目的是为5至13岁的学生设计一套"现代教学方案"。根据纳菲尔德基金会在1964年拟定的纳菲尔德数学项目方案，原计划只编写教学指导书，但在1974年对项目方案进行了修订，编写了学生用书、教学指导书、教师手册、练习册等系列出版物，在1979至1980年间由朗文出版有限公司陆续出版。

[3]　编者注：语出《荀子·儒效》篇。

## 感知

我们将人类对感官刺激的反应称为**感知**。在日常生活中，感知这个词常被用于对人类视觉行为的描述，而很少用于描述人类因疼痛、冷热、噪声、气味或味道产生的感官反应。但实际上，上述每种感官反应都是一种感知。人类因感知而产生的心理反应会在我们的脑海中形成与之相对应的原始概念。当然，这些概念既可能是正确的，也可能是错误的，这种对错往往取决于我们对刺激的解读是否准确，或能否在随后的情景中准确地将这种心理反应记在脑海中。随着相同经历的不断重复，我们的感知渐次积累，从而帮助我们得以构建起更加详尽的概念。先前所形成的错误概念在这一过程中有可能被成功抹除，也有可能得到强化。

## 概念生长

概念生长被视作概念**精炼或完善**的过程，如果我们的经历和体验足够丰富，并能在语言使用方面得到其他人的帮助，我们脑海中概念的准确性就有望得到相应的提升。如果缺少语言辅助，我们的概念将始终处于一种模糊的状态，而且有可能只是短暂地留存于我们的脑海中。教师的语言表达能力，即教师把儿童的经历和体验用语言表达出来的能力，决定着儿童的经历和体验对他们的价值以及他们对这些经历的回忆能力。借助丰富的词汇量和运用这些词汇的能力，我们心智的发育速度会得到极大提升。在此基础上，我们得以在脑海中重新体验先前已经历过的事，或是将这些经历构建为自己的感官意象。对问题的讨论、提出和回答不仅能重新激发儿童学习的积极性，好的提问还能有效引导儿童对事物进行观察，帮助他们建立起更加透彻的认识；而糟糕的提问则容易引发进一步的误解。儿童不会以一种有序且浅显易懂的方式去体验这个世界，但一位教学技能娴熟的教师却可以帮助他们认识到事物间的关联性，梳理他们的经历和体验，并从中提炼出相应的含义。对事物的认知程度常常会影响儿童再度进行深入调查的意愿和能力，决定他们能否借此学到更多知识。

就像英国第一号课程公告《小学数学》（*Mathematics in Primary Schools*）所述："儿童常常试图通过言语表述他们正在做什么、发现了什么来实现学习的目的。"

## 🏃 多感官刺激

成年人可以借助为儿童提供具备感官刺激的外部环境，并在教学活动中谨慎地引入恰当的语言，加速他们的学习过程。外界存在的感官刺激越丰富，对接受方的影响就越大（因视觉和听觉的辨别力在阅读学习过程中至关重要，我们将在第五章和第六章进行专门讨论）。如果我们还能借助其他感官体验来强化他们的视觉行为，如采取听觉和嗅觉并举的方式，并辅以恰当的描述性词语，那么儿童建立起准确且生动概念的可能性就大得多了。这种认知方式其实就是我们所谓的"工作坊活动法"（workshop-activity-methods）。通过死记硬背和直接给出正确答案（包括书面形式和口头形式）的方式教授学生，确实既快捷又容易，但这种学习方式相对而言效果不会太好，学生在这一过程中所学会的知识也不太可能被他们应用于其他不熟悉的情景之中，而且当他们一旦忘记这些知识，就无法再次仅凭自己弄明白。当儿童能够从过往的经验中遴选出与新情况相关的内容，还可以在对这些内容重新整理的基础上进行重构，那么他们也就能够做到快速且自信地解决问题，并进行原创性思考了。不过，我们必须承认有些知识确实应当借助死记硬背的方式进行学习，因为这种记忆方式极为经济高效。但与此同时，不容忽视的一点在于，这里所讲的"死记硬背"也要建立在理解的基础之上，比如说乘除法和加减法就属于这类应当通过死记硬背掌握的知识。

## ⚔ 实践

背诵行为很大程度上依赖于实践，而实践又是概念固化不可或缺的重要一环。因此，在我们开始实践前，确保相关信息的准确度和可理解性是非常重要的。毕竟对错误进行纠正及重新学习真的会让我们倍感沮丧，且费时费力。这一认识业已成为各类现代教学方法的构建基础，而学生则需要相应的学习动机以支撑他们持续对某些现实情况进行实践或背诵，这一点无须赘言。如在他们学习乘法表时，学生的学习动力就源于其实用性；而在学习经济知识时，他们的学习动力则源于希望能够借此掌握解决问题的办法。这种教学方法同样也可用于拼写教学（参见第十章）或我们学习科学公式等其他实用知识的教学活动中。

我们对某个概念进行提炼或完善的过程，实质上就是将概念从特定到泛化（generalisation）的发展过程。我们对事物特性的体验越丰富、频率越高，对其理解认识也就越深刻，就能更快地实现相应概念的泛化。重复是概念泛化过程的重要环节，成年人一定要能抵御住现实情况的诱惑，不要试图减少儿童在学习过程中会频繁出现的重复行为。儿童可能需要花费数年时间才能对某一现象形成相应的概念，而且这一过程还需要他们能够同化多年以前所经历的事件。还有一点我们也绝不能忽略：即便是在使用相同文字的情况下，人们的思维过程也存在着很大的差异。因此，我们一定要让儿童以自己的**方式**形成**他们**脑海中的概念，而不能试图以讲授的方式让他们学会我们脑海中的概念。

举个例子，像数学交换律或可逆性这样的知识点就不能借助**讲授**的方式教给儿童，而是应该让他们通过亲身体验的方式弄懂。如果我们给出的正确答案没有建立在儿童能够有所领悟的基础之上，那他们学会的就仅仅是一种"发出正确声响"的能力！

多数学习情境都包含三个部分：学习任务、教师和学习者。良好的学习成果往往是上述三个部分交相融合的产物，取决于教师与学习者进行交流的能力，及学习者清楚明白学习任务的能力。因此，语言对于这一过程至关重要。

在笔者看来，阅读和数学学习在早期阶段存在着密不可分的关联性。概念的形成不仅与我们的经历和体验息息相关，更与用于描述或回忆这些经历和体验的词语有所关联。海伦·凯勒（Helen Keller）[1] 的一生生动展示了她的老师安妮·莎莉文（Anne Sullivan）小姐是如何利用自己的教学技能，帮助海伦在水的感觉和"水"这个单词间成功建立起关联的。这个经历对这个耳朵听不到，眼睛也看不到，而且还不会讲话的小女孩的心灵而言，绝对算得上一次极具突破性的进步。在这一成功突破的基础之上，凯勒小姐取得了傲人的学术成就，其中当然包括她惊人的演讲实力。

当然，让每个人都去自行探索那些人类已掌握的理解和认识是不现实的，我们势必要将包括口述等形式在内的二手经验利用起来。但是家长和教师一定要在利用二手经验时，保证儿童能够明白他们所使用的图片或模型只是真实物品的复制品，并要将比例、整体与局部，或象征性关系这些问题跟他们解释清楚。否则，这些我们提供的图片或模型就可能会让他们产生误解和困惑。也正因如此，我们才会认为让儿童自行涂鸦和构建模型是非常重要的。这些儿童的亲身体验可以有效提高他们顺利解读他人创作的图片、照片、图表和模型的可能性。

让我们再谈回之前提到的关于"狗"的例子。只有借助对不同品种、大小和体型犬类的各种亲身体验，儿童才能梳理出与狗这一物种相关的各种特征。同时，这种概念的泛化过程还

---

[1] 译者注：海伦·凯勒（1880—1968），美国作家。一生只拥有 19 个月的视听能力，却在老师莎莉文小姐的耐心引导下，学会了阅读，并以优异的成绩从哈佛大学毕业，掌握了英语、法语、德语、拉丁语和希腊语五种语言，创造了生命的奇迹，被《时代周刊》评为 20 世纪美国十大英雄偶像之一。

会受到情感暗示的影响，如小狗是可爱的还是凶狠的，也就是说小狗是讨人喜欢的，还是存在威胁性的，甚至包括它们的主人是谁。举例来说，我们对上司的狗和街上的流浪狗的态度是截然不同的！我们的概念构建顺序大致包括以下几个步骤：

（a）经历、体验和（b）命名（即与先前经历进行匹配），（c）借助描述和对比（分类）能力进行识别和回忆，即判断事物间的相似度或差异度，或（d）按重要性（分级）进行排序。基于上述环节，我们每个人脑海中的概念才最终得以形成。

儿童会通过利用他人关于狗的概念对自己脑海中的**模型**进行验证，从而提炼和完善自己脑海中已经形成的概念。因此，他所持有的概念可能会因为全新的体验，或受到通过交流所得的他人观点的影响，而始终处于变化或重塑的过程之中。

符号作为一种经济高效的记录、交流方式，我们在使用时一定不可操之过急。虽然一开始，儿童在符号的运用能力方面似乎进步缓慢，但如果他对符号的运用都是建立在他自身理解的基础之上的，我们敢保证他一定会在后面的阶段进步飞速，记录内容的准确性也会有所提高。

## ᛉ 相似性和差异性

多数儿童似乎都会在发现事物间的差异前，注意到它们的相似之处。一个孩子会兴致勃勃地举起一张涂鸦让妈妈看，并说道："看！我画了一条蛇。"他一定曾经见到过蛇，也学会了这个单词，还掌握了能让妈妈辨别出这个单词的准确发音，并在脑海中建立了对曲线的感知和蛇的概念之间的关联，才能这样跟妈妈炫耀。

儿童会摆弄放在他们面前的东西，当然他们是无法自行选择要在自己面前摆些什么的。能够领悟到这一点的家长，往往能对儿童学前阶段智力和语言水平的发展做出巨大贡献。而教师则只能在此基础上再接再厉。家庭环境良好的儿童（这实际上与物质财富无关）不仅可以通过触摸、握持、破坏、搭建、品尝、嗅闻的方式，借用身体的各个部位去感受身边事物、探索周围的环境，成年人还会鼓励他们进行这样的尝试。这些孩子将有机会得到来自成年人在情感和社交两方面的支持，他们所能获得的愉悦感也会因此被强化，而恐惧感则会最大限度地被弱化，使他们在体验周围环境时充满信心。在确保儿童能够得到相应保护，身体不会受到伤害的情况下（如：在儿童自己能够站起来的时候，我们要将桌布和锅把手放在他们够不到的地方；当我们意识到宝宝主要借助口腔了解外界环境时，要把有毒性的东西都收好），我们要为他们提供各种不同质地的材料，供他们进行接触和感受。对多数处于幼年早期和中期阶段的儿童来说，"不要碰"就意味着"不要去了解"。有时，我们某个原本旨在保护小朋友的行为举动，最终可能却带来了不好的结果，例如在发现儿童有敲打东西的需求时，父母会将橡胶锤作为礼物送给他们，但父母这样做时自然不是想要家具受损，或是让孩子受到伤害。不巧的是，这些橡胶锤的颜色还非常逼真，当儿童对锤子这个形状形成了不太准确的概念时，意外就发生了。他们会采取摆弄橡胶锤的方式使用真的锤子，更糟的是，这些孩子还可能用真锤子对其他小朋友或婴儿进行游戏性"攻击"！而成年人在对儿童进行劝诫时，偶尔也会使用同样模糊不清的概念，比如我们在安慰一个摔倒的孩子时会讲："打这个讨厌的地板！让它摔我们的小宝贝！"这样的安慰既不能帮助儿童建立起正确的因果关系，也不能帮他们区分开什么是有生命的，什么是单纯的物品。生活本就已经够让人糊涂的了——我们可以揉捏布娃娃，但却不可以对真的小宝宝那样做；我们可以将脚踩在动物玩偶上，或是将它们扔来扔去，但要是敢这样丢小猫的话，它可是会反击的：这些差别对孩子来说已经够难区分了，然而，关于礼貌举止的问题更为棘手。饭菜必须在家里的餐桌上吃，但当我们提到野餐时，又有另外一套完全不同的规矩。父母有时会因为孩子不吃东西而生气，但有时又会因为他们想吃东西而气恼，比如在逛街时或上床睡觉后。儿童会发现他们在某人在场时讲的某些话，换在另一个人面前说时，可能就会惹来大麻烦。成年人可以评论儿童，但要是他们也对成年人"妄加评议"，那可就惨了！

## 🎋 试误学习

这也是概念形成的重要一环。借助试误学习，我们能够学会避免评论自己观察到的异同之处，比如告诉爷爷他的脸像刺猬一样多刺，这是**不会**让他感到高兴的。同样，奶奶也不会因为你说她像叔叔的猪一样又胖又软而感到开心。这两句话笔者都曾天真地跟爷爷、奶奶讲过！

我们在第二章中曾提到了触觉（内部和外部的感官刺激）、视觉、听觉、嗅觉和味觉的不同方面。为了对事物进行配对和分类，儿童需要具备相应的生理感觉器官，或在他们的部分或全部感觉器官丧失时，学会如何借用其他器官替代。对于残障儿童而言，如果他们不具备自由行动的能力，那就需要照料他们的成年人能够帮助他们感受外界的环境。我们以前对这一问题缺少认识，导致了"福利院的儿童"（institution children）这一群体的出现。这些孩子在生理方面得到了很好的照顾，却始终未能与母亲或母亲的替代者建立起正常、亲密的人际关系。结果，他们的语言能力没能得到相应的发育，爱人和交朋友的能力逐渐退化，学习能力也因为缺乏经历、体验和感官刺激而变弱。鉴于他们脑海中的概念没有得到相应的发展，因此即便我们施以巧妙的补救性教学（remedial approaches）对他们进行帮助，也收效甚微，有些儿童的一生都会因此而处于思维反常的状态。

## 📕 接触天然材料

有些家庭的房间设计并未将儿童的需求考虑在内，有些地区则在社会交往方面甚为贫乏，这样的家庭和地区很快就会成为教育的贫瘠之地，在这种环境下长大的孩子步入校园后往往会面临兴趣和经验不足的情况。如果不尽快对这样的家庭和社会环境加以改善，从中走出的这些"身心发育不充分的儿童"就会使我们的社会深处危境。很多人认为此类家庭或社会环境对儿童造成的伤害是不可逆的。因此，学校现在会在教学活动中向儿童提供很多天然原生材料，如水、沙子、黏土、木材和各种生物，主动将环境要素送到他们面前。我们现在的生活方式往往会让儿童没有机会接触到这些自然界的天然材料。很多母亲既没有空间，也没有耐心去为儿童提供这些天然材料，但在儿童智力发育方面，这些材料却起着至关重要的助力作用。在探索和实验方面，这些材料存在着无限可能性，并能对儿童的感官给予丰富的反馈，将与之相关的知识灌输给他们，比如你无法用手指在水里戳个洞，但在潮湿的沙子或是黏土里却可以做到。干燥的沙子在某些方面的特性跟水很像，但在其他方面则不然。你将黏土切开后，还能再揉到一起，但木材一旦被切割后，情况就截然不同了。

与天然材料密切相关的，就是人造基础材料了，如纸张、颜料、粉笔、蜡笔等，或其他可以使用这些进行临时标记的对象。相信很少有人能抵挡在雾蒙蒙的玻璃板或泥泞的车身上画画的诱惑吧！儿童需要很长时间才能发现油漆和其他可以用于标记的材料各自的特性。经验丰富的观察者可以借助自己敏锐的观察及对儿童涂鸦的研究，快速了解每个孩子的心理状态，概念形成状况，对自我与环境、他人和自己身体关系的看法，以及他对全新经历的准备程度（直接教学法可能就属于这种需要儿童准备好后才能进行的全新经历）。正是基于这样的认识，才使得"不教授孩童**如何**涂鸦"这件事变得如此重要。"教授孩童**如何**涂鸦"这样的行为几乎无异于试图教授他们应该怎样感受、怎样思考，不可避免地会对儿童的全面发展造成抑制，而非起到促进作用。

我们都希望自己的孩子能够变得更加独立，具备一些基本能力，从而能够读书写字、识数计算。这些能力的习得很大程度上依赖于丰富多样的生活经历、体验，儿童需要接触那些可以帮助他们弄懂、理顺自身经验的成年人，接触那些可以借助与之沟通而使自身产生满足感的成年人和孩子。在此之后，儿童有了理解他人的发现，验证他人和自己的发现，以及将自己的发现告知他人的需求，进而也就有了自行记录和对记录进行解读的欲望。这与几千年前人类开始探寻如何满足此类欲望时的过程如出一辙。那些对这类记录存在强烈好奇心的人，正是从事全球文明研究，学习着其他语言，致力于揭晓人类向同伴和神灵传递信息时所使用的不同方式的那群人。为此，我们使用或改造了手边的材料，这些材料的多样性也印证了我们的创造性思维。世界上不存在唯一**正确**的方法。东方盛产黏土，烈日炎炎，那里刻有花纹的石碑和石锥与在潮湿的英国烧制的陶器、砖块和石雕有着千丝万缕的联系。印第安人曾将成串的珠子和皮革编成辫子。在西方世界，皮革（羊皮纸）则被用作书写符号的载体，人们会用动物毛发或磨好的植物茎秆做成的刷子，或羽毛、竹子，乃至后来利用金属制作的笔，蘸上动物或植物色素在皮革上进行书写。布莱叶盲文 [1]、莫尔斯电码和速记符号对上述行为进行了扩展，适应了人类的使用需求。而后

---

[1]　译者注：由法国教育家路易·布莱叶（Louis Braille，1809—1852）始创的国际盲文符号体系。

来我们发明的树皮纸，以及活字印刷、打字机和录音机，再加上收音机和电视机，就更为复杂精密了。现在的问题是：即便在我们仍需对文字的准确性进行验证，并对内容进行解读的情况下，人们对纸质出版物所载内容高度信赖的状况依旧严重。"一定是真的，我在报纸上看到了！"当所有大众媒体都在进行宣传时，我们更要以质疑的态度进行阅读，而不是不假思索地全盘接受。

## 小结

在给予相应时间和鼓励的前提下，儿童对任何材料的接触可能都会遵循如下顺序：

1. 通过感官对材料进行探究和调查；

2. 发现材料的潜能和特点；

3. 进行实验，（a）可能会打破原有认识或（b）形成新的理解，并发现除自己的身体外，可能还需要借助其他工具；

4. 习得相应的技能和技巧；

5. 能够创造性地运用和／或根据因果关系运用这些技能和技巧，并／或进行记录。

儿童按照既定顺序在学习过程中持续取得进步的情况确实存在，但这个过程真的很少会这么顺利。他们在取得了突飞猛进的进步后，往往都会出现一段时间的退步。对某些行为的重复既可能是在巩固他们自己的认识，也可能是在验证他们的认识。对有些儿童来说，这种退步的情况只是暂时的。但就多数儿童而言，这一情况会持续一段时间，并会导致缺乏自信的表现，需要来自外界的安慰或重新刺激才能有所改善。教师所具备的专业技能会告诉她：应在何时对学生下一阶段的兴趣点进行刺激；**或**应在何时利用相同的材料，对学生的另外一种体验进行刺激；**或**应在何时利用不同的材料，对学生的同一种体验进行重复刺激。

## 借助文字透彻理解经历

按照儿童语言能力发展的先后顺序，接下来儿童就会开始在参与（活动）的同时，（以言语的方式）谈论自己的经历了。在此过程中，他们会借助对文字的使用和对此感兴趣的成年人（或同龄人）的情感支持，透彻理解自己的经历。成年人也常常以情感支持的方式鼓励、引导儿童利用文字分享（记录）自己的体验。这里讲到的"顺序"其实很简单，就跟在讲"看看我都做了什么！"一样：从讨论可供替换的构建或使用方法入手，逐步扩展、完善这种方法，或在添加细节后撰写一本与之相关的书籍，或将其延展为一篇文章或是一个项目，将其他人也关联进来，或在这件事上花费很长的时间努力思考。

### 小结

教师有责任对儿童的发展阶段进行评估，并准备好相应的外部环境，刺激儿童的发展进入下一阶段。在履行这一职责时，教师必须确保所提供的材料和相应的环境布置既不会危及儿童的身体健康，也不会对教室和设备设施造成损坏。在安排了儿童防护服（无尾端管束）和精心、细致的房间布局后，我们当然要把材料放在最显眼、最合理的位置。儿童需要学会如何使用和爱护这些材料及工具。我们还要留出充足的时间进行准备和清理工作。许多语言和数学方面的经验都可以借助这两项活动习得。而社交能力也往往能借助这些活动中所蕴含的合作精神和责任感得以提升。教师会给予儿童实践和口头方面的引导。她采用的常规课堂组织模式会让儿童理解秩序的概念，进而变得能够为之做出相应贡献。材料的布置是否得宜通常可以通过儿童的作业质量进行检验。"杂乱状态是艺术气质的表现！"——让我们来打破这个荒诞的说法吧！那些技艺不精的工人不仅会责怪自己的工具，还会忽视手头工具和手边材料的效用。当教室布置得井井有条，且教学内容极富吸引力时，儿童从事富于建设性活动的积极性就能得到有效激发，并能呈现出更高水平。

## 🍴 创造性活动

人类的创造性活动当然起因于创造性思维，其本质就是人类观察到事物间全新关联后的产物。创造性活动是配对、分类和分级活动的总和，即在观察到事物之间的异同后，在想象力方面实现飞跃，并发现事物间可能存在的全新关联。

**在**儿童能够理解自己需要掌握学习技巧的原因**前**，与之相关的教学活动可能会阻碍甚至损害他们的创造性学习能力。专业技能可以使其拥有者能够自由创作，因为他们不必在相关操作方法的管理使用方面浪费时间，他们的想法可以借助自己的专业技能迅速转化为具体形式。人类对天然材料的创造性使用取决于辨别力（参见第五章和第六章）、思维和预见能力的发育，通常对语言能力（参见第一章）也会有所依赖。鉴于我们在这里主要讨论的是儿童群体，因此对材料的创造性使用还依托于学校要能营造出相应的情感氛围和社交环境，使学生在运用自身肢体和其他基础材料时，能够在成人的**支持**下体验到充分的自由感。

### 小结

成年人的评价和期望要有利于儿童的健康成长和发育，而不能产生相反效果，这一点在情感方面尤甚。对儿童自然成长发育过程的最优指导，就是让他们的行为不会受到成年人的约束，并免受那些所谓"文明"的人为要求的束缚。如今，"牢记儿童需求"的理念在社会中鲜有提及，举例来说，有多少家庭和学校能够全面满足下面要讲到的戏水活动中的方方面面？

## 𝕏 戏水活动

(a) 对准备好的供儿童使用的工具、容器等进行分级。

(b) 将这些经过分级的材料与合适的盛水容器配对。

(c) 仔细观察儿童的行为举止。

(d) 做好相关记录。

（e）在时机恰当的时候，与儿童进行交谈，并提出你精心准备好的问题：

（ⅰ）这些问题或能激发儿童进行思考；

（ⅱ）或能提高儿童游戏的质量；

（ⅲ）或能验证他们的理解认识情况。

为了让儿童能够安全且愉快地进行玩耍，我们还必须做好下列准备工作：

1. 做好地板、家具和儿童着装的保护工作。

2. 准备好温水，有时可以向水中加点儿颜料。

3. 做好消毒工作，包括：

（a）对玩具进行消毒；

（b）对用水进行消毒，尤其当有儿童存在感染的情况时。

4. 做好安全防护工作，如：

（a）玻璃制品仅在成年人监督下使用；

（b）确保金属制品没有开刃；

（c）确保木制品无碎屑等；

（d）确保地板不湿滑。

小提示：针对涉及从高处倾倒水的相关活动，要确保凳子/椅子的表面是防滑的，并检查儿童的鞋底是否防滑。一般来说，成年人最好能站在椅背后进行保护。

5.预留充足时间进行现场清理，并提供相应工具和水箱、水桶、盆等。

6.由成年人负责注满和排空水箱，在这方面软管是件很实用的工具。

7.预留相应位置用于存放在水中会用到的工具，并规划好水箱、水池等物品的摆放位置，远离可能会因水造成损坏的位置。确保儿童知道什么可以放入水中，什么不可以放入水中。

## 游戏类型（重要性不分先后）

小提示：从游戏一开始，成年人就要对儿童进行语言刺激。

1.让儿童肢体接触到水，如果条件允许的话，值得完整进行下述体验活动：

（a）让儿童以全裸方式在戏水浅池中玩耍，并用喷壶或软管喷出细水雾。使儿童可以在静水和流水中做出各种动作，尤其是跳跃和泼水这样的动作。水池中可以使用淡水和海水。

（b）让儿童以仅露出腿、胳膊和脸的部分裸露方式戏水。可以尝试让他们做出更为复杂的动作，如：用脚、手、手指等搅水；用手、小碟子、球、棍子等划水或压水（这样的活动有一碟水或一桶水就够了）；用手做成杯子的样子捧水，然后泼、洒出去等；对着水吹气制造涟漪波纹，并在水下移动双手等。

2. 填充和排空两个或三个滤器形状的器皿[1]:

（a）先拿来一个漏斗；

（b）然后拿来管子和／或汤匙、勺子；

（c）最后拿来带嘴的水壶、呈水壶形状的物品等；

（d）使用经过分级的容器如窄颈容器等重复上述活动。

**小提示**：此阶段所使用的容器不宜过大，也不能让水的重量妨碍到儿童对手腕的控制及对掌运动[2]。出现这些情况时，可以换用小号的杯碟和玩偶的茶碟套装。

3. 水的"持有者"：海绵（可以用布料和塑料进行对比）。使用拖把头材质不同的拖把。观察什么材料会在水中沉下去。

4. 漂浮物和铅坠。这一活动适用于年龄较大的儿童，前期已经通过环状物、碟子、盒子等进行过分类演示。漂浮在水面上的针等"戏法"有时可以对儿童产生重复刺激的效果；咬苹果游戏[3]。

5. 探索船只可能存在的各种形态，包括儿童想象中船只的样子、树枝或叶子制作的船只、从商店买来的和自己亲手制作的船只。给船加上帆，然后对着船帆扇风，用吸管和管子有控制地对着船帆吹气。向船舱中填充物品，直至船沉下去。［参见英

---

[1] 译者注：淘洗用的器皿，通常呈碗状并带有孔洞。

[2] 译者注：对掌运动是指拇指尖的掌面和其他各指的掌面相接触的运动，是人手作为劳动器官的主要功能之一。

[3] 译者注：用嘴巴咬住浮动或悬挂着的苹果的游戏。

国教育与科学部和学校委员会 5-13 科学公告（DES and Schools
Council 5-13 Science Bulletins）关于船的内容]

6. 与水相关，但尚未根据标准度量衡获名的分级容器。
现在要强调的是儿童对语言使用的准确性，如相同（same
as）、更大（larger）、更小（smaller）、满（full）、溢出（spill
over）、空（empty）、一半（half）、两倍（twice）等，可参
考皮亚杰守恒实验（Piaget's conservation）[1]。

7. 水对光反射的影响：棍子在水中明显弯曲、用喷壶喷水
形成彩虹等。

8. 参考路上的彩色水坑。这些彩色的水坑中混合、溶解或
存在的沉淀物是什么？晃动装有水和土壤的瓶子，观察二者的
分离过程，然后进行过滤操作。

9. 滤器的顺序：从大孔到小孔，再到多孔，并让孔洞出现
在容器和管子的底部、侧面等处。可以使用喷壶、花瓶和喷雾器。

10. 挤压水管控制水流。用气球、塑料袋等在水上 / 下喷射
水流。可以使用水枪、水车、泡泡枪。

11. 家务游戏和角色扮演游戏，可以使用防水的布偶、服装、
待洗的衣物等。

12. 关于水的发现。

（a）水的水位 ⎫
　　　　　　 ⎬ 这方面能够取得的进展可谓无穷无尽。
（b）水的形状 ⎭

---

[1]　译者注：皮亚杰守恒实验是指由瑞士儿童心理学家皮亚杰（1896—
1980）实施的经典实验。皮亚杰通过数量守恒、质量守恒、容积守恒等实验，
推断幼儿思维受直接知觉的影响，以单位的方式认知事物。

13. 与冰相关的活动。

14. 与水生生物相关的活动。

15. 与雨水、河流和码头等相关的活动。

16. 与彩色墨水等相关的活动。

17. 与干和湿相关的活动，如渗透性等。

18. 标准度量衡。

19. 时间、水钟 [1]、水车。

20. 家务游戏，特别是与做饭相关的活动。但要注意安全性是否有保证。

21. 尽可能多地重复与水相关的活动。

（a）干燥的细沙
（b）木屑 ｝ 注意二者的异同。

小提示：木屑要在成年人监督下使用，否则可能存在危险，有对儿童眼睛产生影响的隐患，还会吸附在儿童的衣服上。将湿沙和锯末与黏土、面团游戏联系起来。

## 对第一手经验的需要

显然，学校和教师要从家庭环境和父母影响终止的地方开

---

[1] 译者注：水钟（water clocks），更为中国读者所熟知的译名是"刻漏"或"漏壶"。

始介入。学前（即 5 岁前）教育的必要性如今已得到了广泛认可，但自英国 8/60 号通知（即 1960 年冻结幼儿园和托儿所数量，因城市援助项目少量新增的机构除外）发布以来，相关领域的工作并未取得应有进展。游戏小组数量的急剧增长就是这一现状直接导致的结果，母亲们下定决心要"自己动手，丰衣足食"，不再等待政府提供相应资源。优质的游戏小组无疑是有益于儿童发育的，但不幸的是，父母的热情和好意有时却会产生相反的效果。为了促进儿童的发育，成年人会将有些要求过于仓促地强加于孩子，包括在他们神经系统发育成熟前，就试着教他们阅读、书写和计算。这种做法与过早传授学习技巧存在着同样的问题，往往会阻碍或损害儿童创造力的发展。

如今，皮亚杰故事测验（Piaget-type tests）[1] 广泛应用于校园之中，为教师对学生的观察提供了相应的理论支撑。这些测验的目的在于发现儿童的思维方式，而非查明他们究竟掌握了多少正确答案。如今，学校教育也比以往更为明智，已经意识到相对于正确**答案**本身，让儿童习得**如何**才能得出正确答案，以及在忘记答案的情况下，**如何**才能再次推导出正确答案的能力更为重要！有关儿童在不同发展阶段所适用的学习方法这一问题，皮亚杰的发展阶段理论极具指导价值。按照时间顺序，皮亚杰将儿童发展大致划分为如下几个阶段：

---

[1] 译者注：皮亚杰故事测验是皮亚杰依据精神分析学派的投射原理，采用对偶故事研究儿童道德认知发展的一种测试。他设计了一些包含道德价值内容的对偶故事，要求儿童判断是非对错，从儿童对行为责任的道德判断中来探明他们所依据的道德规则，以及由此产生的公平观念发展的水平。

第 1 阶段　0—2 岁　儿童习得感知运动控制能力。

第 2 阶段　2—4 岁　儿童从经验中提炼出早期概念。

第 3 阶段　4—7 岁　儿童凭直觉进行活动，并对想法进行验证。

第 4 阶段　7—11 岁　这是一个过渡阶段，儿童会从简单的操作过渡到对所发生的事件进行思考、想象和记忆。

第 5 阶段　只有部分人能够达到最后一个阶段。在这一阶段中，符号和抽象概念成为人类思考时所使用的工具，我们几乎无须进行回顾并再次处理相关材料。

从根本上说，正是出于人们对这一阶段划分理念的认同，才形成了目前中小学校园中多样化的教学方法，并意识到不同儿童需要采用差异化的教学方式。

## 小结

教师要通过观察儿童在各种情境中所表现出来的状态，试着对儿童所处思维发展阶段进行评估（使用某类测试的配对卡，参见第七章），并根据对应阶段的特点，调整自己的教学方法和所提供的学习情境。

如果父母从孩子一出生，就能满怀热情和认同感地给予其支持，花费时间，提供空间，让儿童去接触那些天然材料，对他们感兴趣的事物也表现出相应的兴趣，帮助他们将自己的想法付诸文字，并亲切且不加批判地听他们讲出来，就能有效提高儿童获得智力发育和全面进步的可能性。儿童对收集物品的需求必须能够得到成年人的认可，我们一定要意识到，有些对成年人来说不值一文的东西，却可能令儿童视如珍宝，这一点很重要。对儿童而言，拥有"视觉耳朵"（seeing ear）和"听觉耳朵"（hearing ear）同样重要，这两方面的兴趣对于儿童批判能力的发育大有裨益，还能借此提高他们的智力水平。

配对、分类和分级是我们了解周围世界的重要途径，是我们解读和理解周围环境的手段，也是反过来能为人类进步做出贡献的方式。我们所设想并建立起的每一种全新的关联，都源于人类某种复杂的能力，这种能力可以帮助我们对相似的情形进行匹配，并将其分类为连贯的组别，再通过选择和拒绝形成全新的认知模式。但当这种全新的关联与引发这一关联出现的问题相**匹配**时，我们所建立的这种新的认知模式究竟是成功了还是失败了，尚无从知晓。

## 第五章

# 视 觉 辨 别 力
## Visual discrimination

我们并不一定非得靠解决学习中遇到的问题，才能使我们的教育体验变得令人愉悦和满意。

——伯恩斯坦（Bernstein）[1]

## 🎭 视觉辨别力和回忆能力

当我们开始思考阅读准备阶段和象征意义的时候，其实就已经开始意识到我们对肉眼所看到的事物的解读（即视觉刺激）是存在差异的。在此，我想重申：为了能够站在不具备阅读能力人士的角度看问题，现在需要剥夺你的以下能力：

（a）多年的阅读经验，包括借助默读和有声诵读方式获得的全部经验；

（b）从各种阅读材料中获得的愉悦感；

（c）大部分已掌握的消极和积极词汇；

（d）对自己能够进行阅读和理解文字系统的信心；

（e）双眼近乎本能地自左至右的眼球运动；

（f）与阅读相关的其他技能，如措辞、语调和另外一些表达技巧。

---

[1] 译者注：巴兹尔·伯恩斯坦（Basil Bernstein，1924—2000），英国教育社会学家，伦敦大学教育社会学荣誉退休教授。终生致力于研究政治经济学、家庭、家庭与学校教育之间的相互关系，其研究影响了整整一代教育社会学家。

我们还可能会在学习时遇到另外一种情况，即需要处理未知的字母，如图 5-1 所示。

现在，请用 30 秒时间研究图 5-1 中的解释说明和对应的符号，然后把图扣上，试试你是否能将这些符号读出来。如果你成功做到了，那就说明你有很强的视觉**辨别力**。但你在辨别这些字母时仍可能过于依赖将这些字母与熟悉的字母和数字进行对比的方式，从而发现它们之间的异同，如 ℬ 和字母 B 就存在很明显的异同之处，而 ⌐ 和字母 B 之间就看不出任何关联。

（30 秒后，请翻页。）

图 5-1

在不重新浏览这些符号的情况下，看看你仅凭记忆能够写出几个。在完成这一任务时，请分析一下你的心理过程：这次你调用的是自己的另外一种记忆能力，即视觉**记忆**。但你可能会将这一能力与动觉记忆配合使用，也就是我们对形状的感知。如果你在写字时闭上眼睛，可能写起来会容易一些。如果真的如此，你知道这又是为什么吗？

同样，在不看图 5-1 的情况下，我们来研究一下图 5-2。这张图和图 5-1 一样吗？如果不一样，在哪些方面有所不同？要想完成这项对比任务，你需要将视觉辨别力与记忆力相结合。但对有些人来说，他们必须将这些符号写下来，即动用动觉刺激，才能做出相应的判断。

这些是什么文字？

不要往回看　　　　　　　　一样还是不一样？

图 5-2

为了能够掌握相应的教学技巧，我们有必要重新审视一下上面这个练习。按照下面的说法去做，可以帮你更容易地学会图 5-1 中的这些符号。

1. 赋予学习这些符号相应的理由，并对这些拼成"LIVE/live"动词和形容词形态的符号产生兴趣，从而激发自己的学习动力。

2. 采用水平而非垂直的方式呈现这些符号，即让这些符号形成的视觉刺激与正常的字母排列方向保持一致。

3.除测验时使用的符号外，不要出现额外的大写字母。这些大写字母会分散学生对重要符号的注意力，浪费他们的精力。另外请注意，学生在识别大写字母时往往会借助他们更熟悉的形状，而且这些形状还会与小写字母存在明显差异。

4.此外，我们还要赋予这些符号相应的含义，并将它们作为具有实际意义的句子或故事的一部分加以说明，用上学生已经掌握的消极和积极词汇。如果我们还能将这些符号与当前教室中学生感兴趣的内容相关联，比如学生感兴趣的小仓鼠等，那么他们学会这些符号的可能性就会得到相应提升。

## 小结

虽然我们能够看得明明白白，但有时却又完全"搞不明白"。

## ╳ "三联关系"的第一部分

我们先来探讨一下"三联关系"的第一部分——视觉。
我们要**学会**在观察时：

（a）用肉眼观察；

（b）用理智观察；

（c）用情感观察。

人类的眼睛需要多年时间才能发育成熟：实现两眼间的协调一致，学会识别颜色和质地，能够定义运动状态，可以判断距离和大小，主动选择关注和忽视某些对象，在远、中、近不同距离间调节目光焦点，并对看到的东西进行解读（这实际上也就是在进行视觉辨别）。

兴趣可以提高人类视觉的敏感性，而恐惧和痛苦这样的感受会令我们暂时失明，愤怒有时也会产生同样的效果。比如说，当我们同时对儿童和成年人进行道路安全教育时，留意上述情况就很有必要。1971 年，在斯德哥尔摩任职的斯蒂娜·桑德尔斯（Stina Sandels）[1] 教授曾表示："实际上，即便我们认为自己用的都是些简单易懂的单词，且儿童也正在听着，那也不意味着他就一定能够理解我们所讲的内容。"一项针对 5 至 11岁儿童的研究表明，他们认为斑马线标志意味着只有成年人才能从那里通过，而学校的标志则意味着"小朋友必须快速从这里穿过马路，以免被车辆撞到"。笔者几年前曾参与了由英国交通部组织的一项调查活动，借助对成年人和中学生开展的一项小测验，我们发现他们中很多人都会将 /\ 这一标志解读为我们在纸上画了一个烟囱，而这个标志的真实用途是告诉人们前方是建成区。

此外，我们还需牢记：小朋友的视线角度比较低，他们可能因此看不清警示牌和标志，或对它们的用意产生曲解。

---

[1] 译者注：斯蒂娜·桑德尔斯（1908—1990），瑞典学前教育先驱之一，儿童发展心理学研究专家。

## 具备视觉刺激的环境

基于兴趣有利于提高人类的视觉敏感性这一认识，我们有必要为学生在校园中提供具备相应视觉刺激的外界环境。但反过来讲，学生的眼睛也会很快因这些刺激而产生疲劳感。他们会因此而感到筋疲力尽，或许很快就不再理会这些外界的环境刺激了。所以当外界环境的刺激过强时，反而会影响我们实现自己的教学目的。比如说，如果图片的呈现时间过长，学生将直接选择不再去浏览这些图片。此外，我们还要避免在教学活动中使用固定的名签。我们曾认为这种将名签固定在物品上的方式，可以帮助孩子识别与物品相对应的名称。综上所述，我们要在教学活动中实行"中庸之道"，学会在连贯性与变化性间有所取舍，前者可以保证我们的教学效果安全有效，而后者则有利于刺激学生的视觉注意力。很多优秀的教师会在上课时偶尔停下来，从学生的视角观察一下教室的情况：我个子很高，那就意味着我要以跪姿在教室的不同位置检查一下学生都能看到些什么。学生出现"眼不见，心不在"的情况并非总是因为柜门或窗帘挡住了他们的视线，也可能是因为我们呈现的内容高于或低于他们的视线，或是这些内容与其他"争夺"学生视线的视觉刺激混淆在了一起。

我们还要为学生提供足以引起他们视觉注意力的材料和活动，促进学生视觉辨别力的发育，并监测他们的发育情况。同时，我们还要确保在某些视觉刺激出现时，能够随之产生与其含义相关的外界刺激。这样一来，学生在视觉上所关注到的**内容**才会刺激到他们的智力发育，并使他们产生相应的满足感和成就感。

## 分类

从教授学生如何对事物进行分类入手，如根据颜色、形状、大小、质地、用途等对物品进行分类，以此作为我们教学活动的开端是个不错的选择。我们刚开始往往会通过口头讨论和描述的方式学着对事物进行分类，后来才会以文字的方式记录在标签和卡片上（参见第四章）。到最后，我们还会对这些我们使用的单词本身进行分类，以便帮助学生准确使用这些单词，形成有效的沟通交流。我们之前提到过人类对事物差异性的**认知过程**，分类活动的发展顺序其实也大同小异。学生首先会关注到事物间的异同，以及用来表达这些异同的单词：相同（same as）、不一样（not the same as）或不同（different）、大（large）、小（small），还有更大（larger）、更小（smaller）。在学生掌握了更为细致的分类等级后，还会对大（large）、更小（smaller）、最小（smallest），或一**系列颜色**、数字等概念进行**分级**。最后，学生还会对**社交关系**及一些**惯用词**的关联性进行分类，如集合关系（也包括数学意义上的集合关系）或：

| 家庭关系 | 爸爸、妈妈、婴儿 |
| 家的概念 | 小狗和狗舍、小鸟和鸟窝 |

| 有关联性的单词组合 | 牛奶、水、墨水 |
|---|---|
| 语言推理测验 | 婴儿、牛犊、雏鸟 |

## "阅读"图片的顺序

我们通常在要求儿童开始阅读文字之前，会希望他们能先"阅读"一些图片，也就是所谓的"预读"（pre-reading）。这种"预读"活动可以划分为以下几个阶段：

1. **关注**（即在看到物品或图片时身体做出相应的反应）。婴儿可能会指、戳，或试着拿起连衣裙、地毯或照片中图案的某个部分，用动作给我们以示意，或发出带有情绪的声响，或做些表情、鬼脸。这样一来，我们就知道他确实看见了什么东西。

2. **命名**。儿童所使用的词语可能是正确的，也可能是错误的，也许意思并不连贯，甚至只是一些特定的声响。但借此，我们就能知道他已经将某种视觉刺激与一段连续的声音反应关联起来了。

3. **描述**。儿童会利用词语将图片的内容描述出来，即视觉反应激发他们产生了相应的发音反应。

4. **解读**。这是儿童智力水平发育的一次重要的飞跃。在前一阶段中，他们可能还只能给出一些无关的词语，这些词语只是他们脑海中的一些"存货"。但儿童在这一阶段的表现清楚地表明，他们正在试着从图片中自行提炼相应的含义，并在提炼出的含义与图片中的对象间建立关联。

5. **补充**。儿童会开始探究图片所展示的情景**之前**发生了什么，以及**之后**会发生什么。这是一个更为高级的阶段，部分儿童和成年人似乎永远无法习得这种能力。具备这一能力的读者可以通过对图片的推导，在脑海中打破图片情景的限制，推断演绎先于图片内容所发生的事情，或后续可能会发生的事情。

显然，在确定儿童能够"阅读"图片之前，我们是不能借助图片进行教学活动的。同时，在我们利用图片进行教学时还会涉及比例的问题。例如，儿童需要大量的第一手经验才能准确解读书中的插图。此外，图片的风格也不尽相同，从平面到线条，从全彩到黑白，从具象到抽象，我们需要能够对所有这些图片风格都给予相应的反应才行。如图 5-3、5-4 所示。

图 5-3

图 5-4

## 测验用剪贴簿

考虑到上述这些问题，笔者建议教师自己动手制作用于测验的剪贴簿，以备教学所用。这些剪贴簿可以作为对本书第一章和第二章内容的补充，但如果我们筹划得当的话，也可以在中小学阶段借用这些材料对儿童遇到的阅读困难问题进行诊断评估。如果我们能按照导衍课本原则制作剪贴簿，即课本的页码顺序与实际使用顺序不一致，这样的剪贴簿往往在教学中使用效果会更好。我们可以在制作剪贴簿时使用质量比较好的纸张或卡片，因为这本册子的使用频率会非常高。册子中的内容主要从报纸、杂志和广告传单中剪裁收集而来。其中的插图应分组设立，从而可以借此对儿童有关某些物品间关联性的认识进行测验。比如某页的内容只与食物相关，当我们与儿童针对这页内容进行讨论时，就可以发现他能否叫出食物的名称，描述不同食物间的关联，以及是否能对图片内容进行解读。其他页的内容可能会与数学含义相关，或是一些用于配对或对比的图片，剪下来的图样和嵌套用的小图，用于视觉辨别顺序测验的各种插图（如连载漫画），或是不同类型的字母（既有一样的，也有不一样的），或是完整的图片，等等。在进行过这番练习后，我们就可以根据直接教学活动中学生对训练过的内容的反应情况，轻松迅速地将同一个班级的学生按照不同能力水平分成不同的小组。

## 对文字和字母特定部分的感知

在我们对文字进行感知时，文字的某些特定部分要比其他部分更为重要，能够帮助我们更好地认出这些文字（如图5-5所示）。

The little white rabbit ran away

The little white rabbit ran away

xxe xixxxe wxixe raxxix ran awax

Thx lxttlx xhxtx xxbbxt xxx xxxy

The little white rabbit ran away

THE LITTLE WHITE RABBIT

The little white rabbit ran away

The littl whiet rabbit ran awæ

图 5-5

（a）对字母进行水平分割。

　　（i）仅露出字母的底部；

　　（ii）仅露出字母水平方向的顶部。

（b）句子中的字母没有上面或下面出头的部分。

（c）句子中缺失某些字母，特别是元音字母。

（d）完整的句子。

　　大写字母和潦草的字迹往往会在感知过程中给很多儿童带来额外的麻烦。

（e）句子全部使用大写字母。

（f）句子书写字迹潦草。

（g）句子使用初级教学字母（initial teaching alphabet）[1]书写。

### 小结

我们必须学会用肉眼观察、用理智观察和用情感观察，并要在兴趣的助力下做到这些。为实现上述教学目标，教师需要努力营造出无压力感的课堂环境，让每名学生都能感觉自己受到了相应的重视，而且正在逐渐取得进步，他们所观察到的视觉刺激也能在这里产生相应的含义。

## ▌ "三联关系"的第二部分

下面，我们再来谈谈"三联关系"的第二部分——能够**准确说出**或**想起**我们已经识别或认出的文字。

### 发音的不规则性

我们在这方面遇到的问题是：英语是一种不规则的语言，相同字母或字母组合在不同情况下的发音会有所差异。

要在以下方面多留意：

---

[1] 编者注：详见本章后文"'三联关系'的第三部分·初级教学字母表"相关论述。

通过正常的眼球运动就能理解单词的含义 [1]:

| | 字母发音 | 字母发音不同的例子 [2] |
|---|---|---|
| c | see | cease or cat |
| p | pee | per or ph |
| t | tee | teh or th |

但从左向右的眼球运动并不总是能够帮助我们理解单词的含义，如图 5-6 所示。

mǎn         māne [3]

| | | | [4] |
|---|---|---|---|
| one | bun | bow | bough |
| gone | ? | cow | cough |
| stone | ? | row | through |
| | | mow | although |
| | | sow | lough |

图 5-6

---

[1] 译者注：作者认为我们需要先对英文单词的发音进行辨别，然后才能理解它对应的含义。

[2] 译者注：字母 c 的发音同 see，但在 cease 或 cat 中，字母 c 的发音不同。字母 p 的发音同 pee，但在 per 或 ph 中，字母 p 的发音不同。字母 t 的发音同 tee，但在 teh 或 th 中，字母 t 的发音不同。

[3] 译者注：mane 中最后一个不发音的 e 改变了前面元音的发音，导致读者眼球需要向反方向运动，重新识别这一单词的发音。

[4] 译者注：虽然图中每一列单词都有着相同的部分，但其发音规则却并不统一，需要逐一进行识别与判断。

人们曾试图借用初级教学字母表（the initial teaching alphabet, i. t. a.）为英语的 40 种发音分别匹配独立的符号，使每个**发音**都能与独立的**符号形状**建立起可靠且恒定的关联，从而解决英语发音的不规则问题。

## ▶ "三联关系"的第三部分

最后，我们来聊聊"三联关系"的第三部分——将纸上的符号转换成声音和想法的问题。

在我们实现上述这种符号与声音和想法间的转化之前，还要将儿童会赋予噪声以含义这个问题也考虑进来。因此，在儿童能够运用文字进行表达，并享受文字带来的乐趣之前，一定不要让他们体验记录成文字的语言，以及书写和阅读活动。

这并不是一个全新的教学理念！

亚里士多德曾表示："感觉先于思想而存在。"

裴斯泰洛齐（Pestalozzi）[1] 也说过："人要首先能够正确讲话，并能充满信心地从事很多事情，才能变得足够成熟，可以阅读任何富于才智的书籍。"

### 内部言语（Inner speech）

我们掌握的消极词汇的数量往往会多于积极词汇，也就是说有些单词我们可以理解它们的含义，但并不会在日常口语中

---

[1] 译者注：裴斯泰洛齐（1746—1827），瑞士教育家，提出了"教育心理学化"理论。

使用。在阅读的早期阶段，儿童必须在听到单词的声音后才能从中提炼出相应的含义。随着时间的推移，我们多数人都会具备**内部言语**能力。但我们还是会遇到一些成年人，他们在阅读材料时一定要自言自语发出一点儿声音，哪怕只是在嘴上有点儿动作也行。有些人则必须跟着在文字下方移动的手指才能进行阅读。

**小提示：**一定不要养成必须用手指指着或嘴巴动着才能阅读的习惯，这一点对儿童来说极其重要。这种行为会使我们的阅读速度受制于手或嘴的动作频率，而我们眼睛和大脑的工作速度其实是没有上限的。

我们对于默读的过分强调很可能会导致儿童养成上述这些不好的阅读习惯。在内部言语能力得到相应发育后，我们在进行符号与声音或含义的转换时就不再需要听到符号对应的声音了，在阅读速度方面也会得到较大提升。内部言语能力的发育与大脑和神经系统相关的身体发育息息相关，往往因人而异。

## 知觉广度

我们需要帮助儿童形成**宽泛的知觉广度**，因为良好的"眼力"可以减少他们在阅读每行文字时的眼动次数。当看到某人在阅读时，你可以留意一下他眼球的运动和停止情况。人类眼球的每次运动就代表一次眼动，每次停止就代表一次注视。我们只有在注视时才能看到文字。为了验证一下你的视野范围，请将你的双手伸到面前，竖起食指，两根食指间保留1厘米的间隙。

现在请直视两根食指间的间隙，不要让你的眼睛移动，逐渐移动双手扩大这个间隙，直至在你的视野边缘只能看到两根食指时停下来。两根食指间现在的宽度就是你的视野范围，通常会比印刷品的一行宽得多！借助相应的练习，并下定决心，你其实是可以在一次注视中看完一整行文字的。技艺娴熟的读者能在专注于每行文字的中部区域时，仅借助眼球沿页面向下的运动方式进行阅读，而不必在阅读每行文字时都要自左向右地摆动眼球，这样做会产生大量的眼动和注视。情况甚至还会更糟，有些读者可能需要一个字母一个字母地进行专注阅读！当儿童处于"探询"符号含义的速度极为迟缓且非常吃力的阶段时，他们就会遇到上面提到的这个问题，难以将自己看到的独立符号组合成**具有相应含义**的短语或句子。在他们历经苦思终于弄懂了第二个单词的含义时，却已经忘记了第一个单词的意思！如果我们在阅读文字时还需要将眼球反向移动，这会给我们的注视行为造成更多困难，以 mane 这个词为例：最后一个不发音的"e"就改变了前面元音的发音。我们将在后面有关视读法和拼写教学的章节中再次谈及这个问题。

## 解码

当读者成功**解码**了某个单词时，无论它会落入他的消极词汇表，还是成为他的积极词汇，他都一定已经掌握了这个单词对应的含义。虽然我们可以借助自左向右的字母和 / 或音节顺序对某个单词做出正确的分析，但可能仍然无法揭晓它对应的真实含义。在我们的内部言语能力尚未发育完善，必须要靠读出单词的发音才能理解相应含义时，上述问题会特别明显，如 picture-sque、past-ry、bib-le[1]。因此，我们要尽可能保证儿童阅读的单词具有相应的趣味性，难度也符合他们的经验水平，让他们可以调用自己的聪明才智猜测这些单词的含义，并进行复述。儿童需要能够享受文字和读书的乐趣，拥有渴望与他人分享的经历体验，有机会运用多种方式练习说、听、写、读和记录。如果他们一**定**要用手指着文字才能进行阅读，那就让老师来替他们做：由老师拿上一支铅笔，在横线的上方（即水平面）**悬空**指着文字，用以强调有节奏且意在言外的朗读行为。

## 节奏和重读

文字的含义会因节奏或重读的差异而有所不同。请你大声朗读下面这句话，并依次对每个单词进行重读。

I am going to post a letter today.
（我今天要去寄一封信。）

告诫朗读者在朗读时要"充满感情"是没用的，因为情感表现往往是理解的产物。上面这种重读练习常常可以用作一种

---

[1] 译者注：当儿童自左向右地按照音节或字母组合对上述三个单词进行分析时，他们会从 picturesque（风景如画的）中首先分析出 picture（图画）一词，从 pastry（点心）中首先分析出 past（过去）一词，从 bible（圣经）中首先分析出 bib（围嘴）一词，从而影响他们对整个单词正确含义的提炼。

朗读技巧，朗读者可以借此维持听众的兴趣。告诉孩子，"你要读给我听，这样我才能知道你是在生气、伤心，还是在害怕或是处于什么其他的情绪中"，这种方式可能比直接让他们"充满感情"地读某个句子更有帮助。在此之后，再让一名优秀的朗读者对着一大群人进行朗读，"这样我们就都能享受到听故事的乐趣了"。因此，定期给儿童朗读一些内容是很有必要的。当然，这些读物应该是由教师精心准备的，从而确保能够尽可能地将高质量的故事讲给儿童听。如果他们有机会**看到**教师准备这些材料的过程，并意识到这是一件耗时耗力的工作，这将对儿童的学习过程大有裨益，不仅可以起到鼓励他们积极学习的作用，还能让他们发现自己值得他人耗时耗力，从而得到情感上的正向激励。

几个世纪以来，优秀的教师总能从学生的角度看待学习问题。

大约 30 年前，通过儿童独特的说话声音，我发现他们会借助字母指引自己的视线，并根据它的名称进行发声……听者会听到与正在寻找的单词截然相反的声音。这一现象在教师间引发了不少争执，也在学生间滋生了许多不悦……［威廉·布洛卡（William Bullokar）[1]，1580］

那些给母语是英语的儿童讲授阅读课的老师，他们一定会不停遇到因英语字母和发音的不一致，及英语中复杂多变的单词拼写而导致的难题。［英格利斯（Inglis），1948］

---

[1]　译者注：威廉·布洛卡（1531—1609），英国语言学家、印刷业商人，曾对英语字母表进行改革，因撰写第一部英语语法书而闻名于世。

视觉错觉总会产生引人入胜的效果，无论这种错觉是由魔术师创造出来的，还是以绘画形式供人们消遣使用的。

## 小结

回顾本章开篇所引伯恩斯坦的论述，他提出的说法确实没错。但在如下情境中，情况则刚好相反：我们在感到精神压力时是无法准确看清事物的本来面貌的。因此，如果儿童在学习过程中感到不高兴、不满意，想要促使他们在视觉辨别力方面得到相应发育，进而习得阅读能力就会变得困难重重。

## 𝕂 初级教学字母表（i. t. a.）

现在，让我们将初级教学字母表（以下简称 i. t. a.）视作降低儿童视觉辨别难度的一种尝试。i. t. a. 是这件教学工具的第三个名字，它始创于 1950 年，开始叫作初级增补罗马字母表（the Augmented Roman Alphabet JR），然后更名为初级教学工具（the Initial Teaching Medium），最后才是现在的 i.t.a.（全部使用小写字母）这个名字。i. t. a. 是由詹姆斯·皮特曼爵士（Sir James Pitman）[1] 发明的，他是英国巴斯一家出版社的负责人，也是皮特曼速记法发明人的孙子。准确来说，i. t. a. **并不是一种学习方法**，它只是一份**供儿童在阅读学习初级阶段使用的字母表**。我们所熟悉的 26 个大写字母和 26 个小写字母，在这份字母表

---

[1] 译者注：詹姆斯·皮特曼爵士（1901—1985），英国教育家。

中被 44 个符号所取代，与英语的 40 个发音一一"对应"（参见第八章）。有部解说片还曾专门介绍了这个字母表。i.t.a. 中没有使用任何大写字母，但会通过变大符号的尺寸实现大写的效果。它所具备的这些特点都是经过巧妙设计的，旨在尽可能减少这份字母表对传统正字法（T.O.）[1] 可能产生的视觉干扰。通常来说，我们仍会采用传统正字法书写教名 [2] 和专有名词。

詹姆斯·皮特曼爵士慷慨地向所有人免费提供了他的发明，没有申请 i. t. a. 的专利。i.t.a. 还有专门的基金会，位于伦敦南安普顿街 154 号。许多出版商现在都会使用 i.t.a. 印制各种分级读本和读物，很多海外国家也会在出版儿童读物时使用这种字母表，这种趋势在一些新兴国家中尤为明显。英国一些地方的教育部门还曾在很多学校推广使用 i.t.a.，这一点在奥尔德姆（Oldham）[3] 尤为突出。

英国学校委员会（the Schools Council）曾于 1969 年委托弗兰克·沃伯顿（Frank Warburton）教授和薇拉·索斯盖特（Vera Southgate）[4] 女士对 i.t.a. 开展过一次调查研究。约翰·唐宁也曾在这一领域出版了三部颇具名望的著作：1962 年于卡塞尔出版的《初级教学字母表与正字法之辩》；1964

---

[1]　译者注：正字法，即英语的拼写与发音之间的对应规则，对于正确进行阅读、书写和交流有重要意义。

[2]　译者注：教名指基督教徒出生和受洗时所获得的名字，用来区别于姓氏。

[3]　译者注：奥尔德姆，英国中西部城市，位于英国高速公路中心地段，靠近曼彻斯特机场和利物浦港，交通十分便利。

[4]　译者注：薇拉·索斯盖特（1916—1995），英国儿童教育者、童书编辑、曼彻斯特大学高级讲师，在幼儿、初中、高中和特殊教育学校拥有丰富的教学经验。

年于伦敦大学教育学院出版的《初级教学字母表阅读实验》（*The i.t.a. Reading Experiment*）；1967 年于英国教育基金研究会（NFER）出版的《初级教学字母表专题论文集》（*The i.t.a. Symposium*）。最初，有关 i.t.a. 的调研工作就是由约翰·唐宁在伦敦大学教育学院主导的，现已转至美国继续开展相关研究。

i.t.a. 现如今已成功应用于儿童和成年人的补救性教学之中，比如我们对军事人员的补救性教学活动就已经开始应用这种字母表了。

笔者对 i.t.a. 的一项原则深表支持，即在针对儿童的教学活动中，我们应该推迟正式拼写教学的引入时间，要在他们能够较为流利地阅读后再开始进行这方面的教学。这项原则是由 i.t.a. 的支持者总结得出的，为我们明确指出了儿童从 i.t.a. 读本向 T.O. 读本过渡的时间节点。这个时机很可能会出现在儿童使用分级阅读方案时的第三或第四册读本中。通常来说，让儿童在使用 i.t.a. 阅读完一本书后，借助 T.O. 再重新读一遍，以后他们就可以使用 T.O. 进行阅读了。但他们在书写方面的过渡则可能要花费几周到一年，甚至更长的时间。不过，如果家长和教师能够在儿童的"过渡期"结束前，不因他们书写时混用 i.t.a. 和 T.O. 而感到焦虑的话，那么儿童很可能可以更快地实现这种过渡。

曾有人表示 i.t.a. 可以帮助儿童更快、更轻松地学会阅读，而且对他们在拼写时的准确性也不会产生不利影响。这种助益效果通常在儿童创造性写作能力的提升方面最为明显，在一些地方口音很明显的地区效果也很显著，比如就会出现一个通晓双语（含方言版英语）的孩子以标准英语作为自己掌握的第三种语言！多数教师似乎都是要么坚决支持 i.t.a.，要么强烈反对

i.t.a., 但笔者对这两种态度都存有疑虑。就我自己来说, 在教学中无论是使用 T.O., 还是使用 i.t.a., 我都有过较为成功的教学经历。我其实更相信霍桑效应（Hawthorne effect）[1] 的影响, 认为如果教师要想取得成功, 就一定要信任自己选用的教学方法。条条大路通罗马, 教师的工作就是要了解通往罗马的每条大道, 并为每个学生选择一条最适合他走的路。因此, 教师在同一个教室中可能需要使用多种不同的教学方法。

但 i.t.a. 确实也存在一个明显的不足, 即需要在阅读材料的提供方面花费一定的成本, 专门定制这些在教学中会用到的材料, 而且这些材料还可能仅能满足学生在校园学习中某一短暂时期的需求。如果当地公共图书馆能够提供大量使用 i.t.a. 印制的优质儿童图书, i.t.a. 的这一劣势则有望得到改善。

此外, 学校也要向父母解释清楚为什么会选用 i.t.a., 这一点同样非常重要。只有这样, 我们才能维系好父母的信心, 使儿童免受他们焦虑情绪的烦扰。父母也要明确好自己怎样做才能在儿童的教育方面"帮上忙", 或怎样做只会"帮倒忙"。

---

[1] 译者注：霍桑效应源于哈佛大学心理教授乔治·埃尔顿·梅奥（1880—1949）所在研究小组于 1924 年至 1933 年开展的一系列实验研究, 于 1953 年由社会心理学家约翰·弗伦奇（1913—1995）正式提出。研究发现, 当人们知道自己成为观察对象后, 会有改变行为的倾向。

# i.t.a. 常用书单

约翰 · 艾伦 · 唐宁，《初级教学字母表：解读和示例》（*The Initial Teaching Alphabet. Explained and Illustrated*）（《初级教学字母表与正字法之辩》修订扩编版），卡塞尔，1965 年

i.t.a. 基金会，《初级教学字母表与英语的不规则发音》（*braekthrω in lerning*）（基金会出版发行第 I 册），伦敦，i.t.a. 基金会，"第 5 版"，1971 年（先前版本图书名称不同）

詹姆斯 · 皮特曼爵士和圣约翰 · 约翰（St John, John），《字母表和阅读：初级教学字母表》（*Alphabets and Reading. The Initial Teaching Alphabet*），伦敦，皮特曼，1969 年

詹姆斯 · 皮特曼爵士，《难如 ABC：反传统正字法学习媒介案例》（*As Difficult as ABC. The case against the traditional orthography as a learning medium*），伦敦，i.t.a. 基金会

弗兰克 · W. 沃伯顿和薇拉 · 索斯盖特，《i.t.a.：独立评估分析》（一份为学校理事会撰写的研究报告）（*i.t.a.: an independent evaluation*），伦敦，约翰 · 默里和钱伯斯（John Murray and Chambers），1969 年

薇拉 · 索斯盖特，《i.t.a.：证据何在？》（*i.t.a.: What is the Evidence?*），爱丁堡，钱伯斯和伦敦，约翰 · 默里，1970 年

## 第六章

# 听觉辨别力
## Auditory discrimination

无心听者耳最聋!

## Ⓡ 期望

我们在上一章曾提到 i.t.a. 试图为英语的 40 个发音分别设计独立的符号，从而消除英语中拼写不一致的复杂情况。当然，英语中只有 40 个发音的说法并不完全准确。乔治·伯纳德·萧（George Bernard Shaw）[1] 曾率先指出：英国和美国虽然使用同一种语言，却是两个完全不同的国家。虽然我们英国人确实能够听懂美国人的口音，但时而也会因为自己的英国口音而感觉受到冒犯！算上英语的各种方言和口音，它的发音显然远不止 40 个。但在多数情况下，我们都能自行调整自己对他人发音的**预判**，从而为我们听到的声音**赋予**相应含义。在这种情况下，情感因素再次进入了我们的视线，比如焦虑情绪就会使我们在听取和记忆某些对话或争论中的线索时遇到更多困难。有时，我们甚至只能靠上下文或音色来理解某些发音的含义。如果你对一只小狗亲切地说："过来，看我不打你！"它会很高兴地跑过来。但在你凶巴巴地叫它"乖狗狗"的时候，它却会惊恐地往后退，反而不敢过来了。许多漫画也常常在人物的表情上做文章，比如使人物有意表现出充满期待或毫无波澜的表情，这都是它们常用的一些手法。此外，就像我们在讲笑话时会重复某些内容一样，我们在漫画中同样可以借用这一实用

---

[1] 译者注：乔治·伯纳德·萧（1856—1950），国内读者更为熟悉的译名为萧伯纳，爱尔兰剧作家，1925 年获诺贝尔文学奖。

技巧，这些重复出现的内容往往能够巧妙地勾起读者的期待，以及他们对愉悦感的预期。吉尔伯特和沙利文（Gilbert and Sullivan）[1] 在轻歌剧的诙谐歌中运用了大量意料之外但情理之中的具有听觉辨别力的歌词，这对他们作品的成功起到了关键性作用。古往今来，双关语和谜语也总能让人感受到其中很大的趣味，莎士比亚[2] 显然深谙此理。

我们通常会将人们的面部表情或动作与文字相结合，这样做很可能会赋予视觉以丰富的含义，但在听觉方面能够产生的刺激则相对较少。很多教师在课堂管理方面都很依赖上述这种做法，他们意识到在学生的学习过程中，比起文字内容，自己的表情往往更为重要，无论他们想要表达的是赞同，还是反对。我们都深谙口语和书面语的区别（不仅包括其作为证据时的法律含义，还包括相较于理解书面语时可能存在的不确定性，口语往往更易于解读），我们也深知盲人对不同声音间的细微差别或分贝的敏感性有多强，也许除了音乐家或工程师，我们很少有人能够与之匹敌。以一位需要辨别声音的工匠为例，他会

---

[1] 译者注：吉尔伯特和沙利文，指维多利亚时代英国剧作家、文学家、诗人威廉·施文克·吉尔伯特（William Schwenck Gilbert，1836—1911）和英国作曲家亚瑟·沙利文（Arthur Sullivan，1842—1900）在剧作创作方面的合作。吉尔伯特和沙利文轻歌剧 [也称萨沃伊歌剧（Savoy Opera）] 音乐风格轻松活泼，题材大多偏重对英国法律和社会阶级制度的讽刺揭露，故事情节风趣幽默、通俗易懂，具有较强的娱乐性和较高的艺术水准，对20世纪音乐剧发展产生了深远影响。在1871年至1896年间，吉尔伯特和沙利文共携手创作了14部脍炙人口的轻歌剧作品，如《皮纳福号军舰》（H. M. S. Pinafore）、《彭赞斯的海盗》（The Pirates of Penzance）等，在英语国家至今盛演不衰。

[2] 译者注：威廉·莎士比亚（William Shakespeare，1564—1616），英国文艺复兴时期剧作家、诗人，被誉为"人类文学奥林匹斯山上的宙斯"。

这样解读自己的工资单：其中的 5 英镑源于我知道**应该**如何去听，另外的 5 便士**付给**我听的行为。这体现了工匠对自身技能价值的一种合理拆分。大概很少有教师会在听觉辨别力的训练方面花费与视觉辨别力同等的时间和精力。这就如同我们许多人都会被下面这个说法所愚弄，总的来说它似乎并没有什么问题——我们总是认为儿童能够领悟到这些训练过程所蕴藏的含义。可事实是，确实有很多孩子可以在不理解含义的情况下，将看到的文字准确无误地大声朗读出来，但这也不过就是我们常说的"照本宣科"。

## 𝕂 发音清晰的重要性

人是一种社会存在，具有沟通交流的需求。在成年以后，语言是人类最主要的交流工具，而词汇则是语言最重要的基本单位。尽管如此，我们仍需牢记：对小朋友而言，言语只是一串连续的声音。他在相当漫长的一段时间中是不会对这串声音中的每个单词进行区分的。即便是中学生，也还是会在这方面犯错，他们可能会将听到的声音切分成下面这样："one sponatime" [1]。

人类是唯一知道如何使用文字的生物。文字赋予了人类凌驾于环境之上的能力，并使他们能够反过来操控其他人类。小宝宝很快就能学会借助哭声和噪声来向成年人寻求帮助、索要食物或

---

[1] 译者注：正确的切分方式是 once upon a time。学生会根据错误的发音切分，将 once upon a time 拼写成 one sponatime。

表达自己的感受。但噪声和对于跌倒的恐惧又都会使他们受到惊吓。此外，尚未出生的小宝宝其实就已经会对噪声做出反应了。

如今，发音吐字清晰的人往往能在社会中起到引领作用：这种能力会引起其他人对他们的尊敬、钦佩、嫉妒，乃至畏惧。帮助儿童实现对词汇的掌握与运用，并使他们能在口头表达或书写文字时遴选恰当的词汇，这应是我们开展相关教育活动的主要目标。读写能力实际上起着保护现代人的作用，很少有人能够在不具备这些能力的情况下，快乐或顺利地在现在的社会中生活下去。我们一直都错误地认为，只要对方能够**听到**我们说的内容，就一定会理解我们想要传达的意思。有些人的想法甚至会更进一步，认为如果你听到了他们讲的内容，就一定会表示认同。同样不真实的还有这句老话："棍棒和石头可能会折断你的骨头，但言语永远不会伤害到你。"文字是高度情绪化的，会严重乃至永久损害某些人的个性。众所周知，老师的期望会对学生的学习成就和学习效果产生惊人的影响。因此，儿童对成年人言语的理解同样也会给他们带来严重的影响。许多父母和老师都会错误地选择在儿童能听得到的地方讨论他们的言谈举止。而作为一位年轻的母亲，我总会听到自己四五岁的孩子在门后"密谋"些什么，他们自信地认为他们看不到我，我就一定也听不到他们讲话的声音。这种情况真的让我碰到了很多很有意思的情形！因此，就像我们要对儿童视觉辨别力的发育情况进行检测一样，我们也需要对他们听觉辨别力的发育情况进行相应的检测。

年龄尚小的儿童会从自己的情感和感官体验中获取对事物的理解，但这一趋势会逐渐被其他方式所取代，他们会开始借助自己的行为举止，以及对自身所经历事情的评判来**思考人生**。

为了促进自身智力水平的发育，儿童必须掌握使用文字的方法，并不断完善脑海中的概念。我们在建立含义与文字间的关联时，往往会借助自身所独有的经历。因此，通过这种方式所产生的文字含义也会因人而异。但我们常常会假定听者对说者所使用的单词含义的理解，与说者赋予这些单词的含义是相同的。这虽然是个很简单的误解，但我们时不时会因此产生困扰。正是因为我们缺乏对"讲出自己所想"或"听懂他人所想"这一困难的认识，才会导致一些既可笑又可悲的误解。当我们借助言语或文字进行的沟通遇到困境时，情感因素便会占据高地，如电话线路不佳时。我有个朋友的丈夫曾告诫她："不要听我讲了什么，要听我想讲的是什么！"即便没有直接用言语对此表示赞同，但实际上我们很多人也都是这样想的。

　　儿童在很小的时候就已经意识到文字的力量，他们无意识的咿呀学语和对单词的重复很快就会变成有意识、有选择的行为，用以测试我们成年人的反应。但奇怪的是，我们虽然期待儿童能够在说话方面满怀信心（他们确实大多都能做到！），但对于他们能否处理好记录成文字的语言却总是倍感焦虑，不幸的是，我们的担忧往往是对的。成年人的焦虑常常会妨碍儿童进步，甚至会阻止他们取得进步。在此我们有必要回顾一下人类的历史，人类在地球上已经生存了 12 万年，有些专家甚至认为人类存在于地球的历史要远远大于这个时间，但有文字记载的人类历史却只有 7000 年左右。[1] 这一历史事实应该可以适当缓解我们上面的那种焦虑情绪，告诉我们要控制住自己，不要再为了让他们能够快速进行阅读和书写，给这些年仅 5 岁，

---

[1]　编者注：作者这里提到的时间点，学界至今仍有争议。

或所谓"够大了"但实际也只有 7 岁的孩子施加额外的压力了。毕竟，很多国家的义务教育要到儿童 7 岁的时候才开始。

## 儿语

与视觉辨别力一样，儿童的听觉辨识力到某一阶段也会得到相应的发育。像"three"和"free"这样的儿语 [1]，很可能是儿童在听力方面存在某些缺陷，且无法通过口腔运动进行自我纠正导致的。当然，也可能就是因为他们太懒了。而错误的字母顺序，如把"elephant"拼成"ephalant"，或是把"basket"拼成"bakset"，则可能是因为儿童的听觉辨别力发育不良。父母和老师有责任帮助儿童先听到声音，然后再准确地进行模仿。讲故事、学儿歌和歌谣、跳跃计数，这些活动都有助于提高学习词汇时的趣味，从而帮助儿童更好地理解这些单词的含义。那些能够激发儿童产生分享需求的体验，往往会使他们开始使用某些单词，并最终产生相应的书写需求，继而渴望探索他人书写的内容，这就是我们所讲的阅读行为。

### 字母教学法

以前，成年人习惯于使用字母教学法教授儿童阅读，还会为自己辩解：之所以会采用这种方法教授儿童阅读，是因为单词是由字母构成的，他们要先学会字母，然后再学着把这些字母组合成单词。这种说法从逻辑上来讲确实说得通，但英语拼

---

[1]　译者注：three 和 free 的发音相似，小朋友经常会出现此类错误。

写和发音的不规则性却使这种教学方法很难执行，而且我们也很少会在英语中听到单个字母的发音。最后这点我们将在后面的章节中再来探讨，也就是我们所说的拼写教学，这个问题常常会被学生和老师忽视。此外，字母的名称时而也会使人产生误解，比如说如果我们能将字母"u"写作字母"v"的形状，那字母"w"的发音（即 double u）也就顺理成章了。但现在实际出现的写法却并非如此，所以这个字母显然很难被儿童理解。

## 视读法和自然拼读法

视读法（包括全词法）和自然拼读法是当前教学活动中最常用的两种教学方法。前者需要选择能够引起儿童兴趣的单词（优先选用轮廓和看上去存在差异感的单词），然后帮助他们学会单独认出这些单词，或当它们用作短语或句子的一部分时也能逐一识别出来。自然拼读法具备更强的分析性，我们会从规则的发音和 / 或拼写范例入手，在发音识别及单词和字母发音方面进行更多"训练"。但英语缺乏相应的规则单词，这使得儿童对学习内容产生兴趣变得更为困难。因此，我们不必太拘泥于"the cat sat on the mat"[1] 或 "the pig in a wig danced a jig"[2] 这样的传统押韵规则。

许多教师会在教学活动中将这两种教学方法结合使用，从视读法入手，遵循儿童的兴趣，充分调用他们的积极词汇。在

---

[1]　译者注：cat、sat、mat 三个单词的尾音押韵。

[2]　译者注：pig、wig、jig 三个单词的尾音押韵。

他们已经掌握了一定程度的阅读技能，也建立起自己一定能够取得成功的信心和动力后，教师就会在教学活动中优先开始对规则的单词进行发音分析，对不规则单词的分析也将紧随其后。为了保证儿童能够独立应付自己不认识的单词，这种对声音进行分析的能力至关重要。凯恩（Cane）和史密斯（Smithers）撰写的《阅读的根源》（*The Roots of Reading*）一书由英国教育基金研究会于1971年出版，在这本书中我们可以找到这样一段描述："我们发现当某种阅读教学方法仅依赖感知或交流这两者的某一方面时，对其建立起绝对信任并不是个明智的选择。"笔者对此表示认同，儿童在某一时期可能会因兴趣和／或视觉刺激产生反应，而对声音刺激的反应更为敏感，但接下来，这种敏感可能又会消退。如图6-1所示，皮层小人示意图［W.彭菲尔德（W. Penfield）[1]和T.拉斯穆森（T. Rasmussen）[2]在1968年于哈夫纳（Hafner）出版的《人类的大脑皮层：功能定位的临床研究》（*The Cerebral Cortex of Man: a Clinical Study of Localization of Function*）中提出："身体某部分在探索环境时被调用的频次越高，与之对应的大脑皮层区域就会越发达。"］体现出的看法刚好可以用于支撑笔者的观点，即教师必须设法在教学活动中调用多种感官刺激，而不能只依赖儿童通过眼睛或耳朵进行感受。因此，将视读法和自然拼读法结合在一起，也许就是我们在开展正式阅读教学时最明智的一种做法。

---

[1]　译者注：W.彭菲尔德（1891—1976），加拿大裔美国神经外科医生、科学家、蒙特利尔神经病学研究所创始人和第一任主任，建立了用于癫痫手术治疗的"蒙特利尔程序"。

[2]　译者注：T.拉斯穆森（1910—2002），加拿大神经外科医生和神经病理学家，主要研究癫痫的治疗和组织病理学。

图6-1　皮层小人示意图 [1]

然而，当教师使用自己信任的教学方法或阅读方案有效增强了学生的信心和学习热情，或凭借研究项目明显提高了学生

[1]　作者注：这张图大致显示了身体每部分的真实解剖尺寸与相应大脑皮层区域面积间的不相称性，这些皮层区域会对电刺激做出相应反应。借助这张图，我们应该能够意识到在我们教学活动中一定要确保儿童可以有机会探索周围的环境，特别是让他们能够使用自己的双手去感知环境，并对他们发现和感兴趣的内容进行讨论。

　　译者注：体感皮层是人类触觉、冷觉、温觉、痛觉、压觉和痒觉的主要加工区，但各个身体部位在体感皮层中所对应的区域大小，与身体部位的大小并不构成正比例关系，而与体感控制的复杂程度相关。如：控制手部和舌头的皮层区域很大，而控制下肢的皮层区域则相对较小，说明手部和舌头虽然本身体积不大，但其控制复杂程度要远高于我们的下肢。当我们把体感皮层中的不同区域反向映射到身体部位，并与各个身体部位在皮层中所占面积的大小相对应时，就得到了文中这幅极度扭曲的"皮层小人示意图"。

的学习兴趣后，却主动选择忽略这些实际情况，那将是极其愚蠢的行为。我们都熟知霍桑效应会带来的影响，因此不要做出上述这种不明智的选择。但我们仍需在此强调：准确的听辨能力是视读法和自然拼读法取得成功的必要前提，有时我们似乎很容易忽视这一点。而且，如同我们需要学会从不同角度进行观察一样，我们也必须学会"无意识地听"和"有意识地听"，这是两种完全不同的听觉能力。

如今，听力扫描测试已成为托儿所和幼儿园的"常规动作"，部分听力丧失的高发病率也已被证实，很多在过去会被人们认为是迟钝、懒惰或不听话的儿童，现在也得到了正确的对待，人们为他们提供了相应的特殊教育治疗和/或助听器。与此同时，我们也注意到由与小朋友共同生活或工作的成年人充当儿童优秀言语模型的重要性。但在笔者看来，很多学校在学生言语表达清晰性和文字运用愉悦感培养方面的重视程度还不够。我们总是很难找到时间听儿童讲话，但儿童只有在讲话时才能得到来自外界视觉和听觉上的鼓励，他们的语言技能才能得以发展。如若不然，他们在这方面的能力反而可能会退步。在笔者看来，这又是另外一个应该鼓励家长走进校园，与儿童进行交谈并倾听他们讲话的理由。

## 双关语

双关语的幽默效果往往依赖于两个单词间存在的相似之处。相比视觉双关语，语言中存在的听觉双关语数量可能要更多一些。视觉笑话常常会以图画（漫画）的形式呈现，但图片上的说明文字有时也会对笑料起到助益作用，我们有时会借助"文不切题"的方式来实现幽默效果。而在拼写笑话中,我们常常会发现上述两类双关语的结合体,有些笑话也许可以用作第九章的附录内容。当儿童对双关语和谜语表现出极强的兴趣时,往往会让成年人倍感厌烦,甚至会令他们恼羞成怒。但如果能将儿童的这种兴趣用作我们的教学技巧,则可有效缓解学习活动的单调乏味。

## 脏话

儿童很快就会领悟到文字的情感力量,这一点在脏话方面尤为明显。在某个我曾任教的地区,五六岁的儿童会将"cabbage"(植物人)和"knickers"(肥内裤)视为两个非常糟糕的单词,当他们感到压力很大时就会脱口而出这两个单词,其他孩子脸上的表情则暗示着他们对用词之人的"不良用心"心领神会,孩子们甚至会屏住呼吸,对我这个听者接下来可能做出的回应略感不安。

## 听力预判

实际上,意料之外的用词会对儿童产生很大影响。换句话说,当说话人为某个用词犹豫不决时,我们为他补上了这个缺失的单词,这其实彰显了我们具有很强的听力预判能力,这主要是因为我们总是期待着能够听到特定单词所发出的声音。我们对言语的理解很大程度上也依赖于与之相对应的言语模式和节奏感。就像我们通过发音和措辞就能辨认出外国人一样,他们讲话时的节奏和用词顺序也能帮我们认出对方是不是外国人。

反过来讲，很多人也会误以为只要提高自己讲话的音量，外国人就一定能更容易地理解他们所讲的内容。事实上，有些成年人也会出于相同的目的，借助这种错误的方式跟儿童讲话，或是不断重复某一要求，使孩子只会在他们重复讲到第三遍时，才会按要求去做！

## 选择性听力

我们的听觉是有选择性的，会习惯性屏蔽掉某些特定的声音，比如时钟的嘀嗒声或敲钟声、路过的车流声或电车声。织机工人可以在织棚里正常交谈，他们能够在嘈杂的噪声中听到彼此的话音。但麦克风和助听器是不具备选择性的，因此在我们与佩戴助听器的儿童交谈时要牢记这种差异的存在。我们在"聚精会神"的状态下往往能听到更多的声音。据了解，很多教师会在课上讲"坐好，集中注意力"，并在看到学生做到了前半句时，便假定他们也一定做到了后半句。但实际上我们所具备的自发性听觉能力也是存在限制性因素的，有些声音在生理上已经超出了我们的听力范围，如太高或太低的声音、太喧闹或太轻缓的声音、未知的声音等。有些声音则在情感上超出了我们的感知范围，如可怕、无意义或无聊的声音。

## 注意力的焦点、边缘和背景

我们的注意力包括三个层级：焦点、边缘和背景。我们可以做到集中自己的注意力，即能在短时间内持续努力地集中注意力于某点，但却无法完全控制自己的听力。如果你想验证一下，可以拿出一张白纸，在中间写一个很大的字母 A。现在集中你的注意力在这个字母上，让你的朋友帮你计时 1 分钟。很少有人能做到完全不走神，你会"关注"到注意力边缘出现的声音，这时你的注意力焦点就会从字母 A 转向时钟的嘀嗒声、电话铃声，乃至像被头发弄得痒痒的、铅笔的手感等生理感觉，或是某些视觉刺激，比如说开始怀疑这个字母 A 究竟**是不是**在纸张的正中间等。如果负责监督的朋友说了些什么，几乎所有人都会关注到他讲的内容，进而我们的注意力也就从焦点转向了边缘。注意力的背景往往由那些通常会被我们所忽略的声音构成。当这些声音发生了变化，或我们的情感因素掺杂其间时，这些原本处于背景状态的信息就可能开始趋向于成为注意力的焦点。如果你已经习惯了有噪声的环境，安静的环境反而会比充满噪声的环境更易于分散你的注意力。我们的睡眠习惯经常会因不熟悉的声音或缺少外界的声响而受到干扰。

兴趣可以帮助我们毫不费力地集中注意力，并提高我们听觉的敏感性，而无聊和焦虑感则会产生相反的效果。当儿童到了该上学的年龄，大多已经可以通过**屏蔽**某些声响的方式来保护自己，包括屏蔽那些无休止的广播、电视的声音，过度拥挤的家庭环境和矛盾冲突所产生的声音刺激，没意义且不愿关注的声音和用词，以及不具备**双向**互动性的对话，等等。事实上，儿童身边总是充斥着太多毫无意义或令人反感的听觉刺激，因此要学会忽视这些声音的存在。托儿所或幼儿园教师的首要职责之一，就是要保证儿童听到的声音是**有价值的**，然后再借助练习来提高他们听觉的灵敏性和准确性。

现在，让我们来留意一下我们对自己的名字会做出怎样的反应：我们甚至可以从杂乱无章的声音中识别出自己的名字。我们习惯于对自己的名字做出相应的反应，但对刚冠夫姓的新娘，以及乔装打扮的罪犯或间谍来说，这种反应可是个大问题。他们必须学会对自己的新名字做出相应的反应，而更难的是，还**不能**对自己熟悉的原名做出反应。某个古老的信条认为，当你知晓某个名字时，你就会被赋予掌控这一名字拥有者的能力。出于对圣人的崇敬，有些圣名我们是不能直接说出来的。众所周知，儿童对那些能够叫出自己名字的老师会立刻做出回应。我们的名字对自己来说非常重要，有着特别的意义，并能引发我们产生相应的兴趣。当久违的人还能叫出我们的名字时，会让我们受宠若惊：这一举动赋予了我们相应的地位、声望和重要性，让我们切实感受到了价值感，感受到自己被尊重、受欢迎，当然还有随之而来的认同感。一名优秀的幼儿园教师在给学生递去一盘食物时会告诉她"这是给玛丽的"，就像一位优秀的母亲在照料宝宝时会跟他讲话一样。但不幸的是，很多母亲并未意识到在照料宝宝时这种讲话方式的重要性。在儿童走出家庭环境步入校园后，教师便承担起了弥补他们这一缺失的责任，但对通常的大班教学模式而言，这几乎就是一项不可能完成的任务，这也是政府应该增加托儿所数量的另一个重要原因。

## 小结

听力的准确性是儿童学习阅读不可或缺的重要前提。许多儿童在步入校园时，他们的听觉尚不具备相应的分辨能力，也没有形成良好的注意力习惯。我们所具备的自发性听觉能力也是存在限制性因素的，有些声音在生理上或情感上已经超出了我们的感知范围。多数儿童可以在外界的帮助下学会聆听、集中注意力和给予回应。

## 🎯 训练听力（参见第一章）

人们普遍认为 4 岁左右是儿童言语能力发育的关键期。很多人认为要在儿童掌握了 3000—5000 的词汇量后，才能开始对他们进行正式的阅读教学。为了能够准确识别**单词**，我们需要集中自己的注意力，收听外界的各种**声音**。如果我们能够屏蔽外界的视觉刺激（如闭着眼睛听音乐会的观众），很多人可以更容易地听清声音。实际上，尽可能屏蔽除听觉以外的所有感官刺激的效果会更好。此外，我们生理上的不适感也会干扰自身听觉能力的发挥。

年龄尚小的儿童喜欢闭上自己的眼睛，讲出他们能够听到的声音。因此，将儿童熟悉的声音录制成磁带，让他们进行识别，并将听到的内容讲出来是个不错的主意。玛丽亚·蒙台梭利博士极为重视听觉游戏，她习惯于在进行耳语练习时将游戏室的光线调暗。她会走到房间的外面，然后低声叫出每名学生的名字，期待他们能够静悄悄地走出房间，来到她的身边。另外还有一个游戏也很受欢迎：我们要让某个孩子坐到一圈孩子的中间，在老师指到某个坐在外圈的孩子时，他必须起身悄悄地走向坐在中心位置的孩子，并在被这个坐在中间的孩子发现前试着摸到他。这个游戏对教师来说极具启发性，我们可以借此发现有些儿童是无法定位声音来源的，他们也无法指出声源的正确方向。

各种打击乐器和拨弦乐器，无论是自制的还是市面上买来的，都是很好的听觉游戏素材，我们可以借助这些乐器的音量和音高，帮助儿童学会对声音进行配对、分类和分级。比如说虽然蒙台梭利铃铛（Montessori bells）[1] 外观看起来并没有什么差别，但我们却可以按照音阶对这些铃铛进行排序。我们还可以鼓励儿童在戏水时注意听外界的声音，如听一听装满和排空水时桶发出的声音，使用漏斗、水管和吸管吹泡泡时发出的声音，用平掌、拳头或五指张开的手掌击打水面时发出的声音，滤器和装有玫瑰花的水罐晃动时发出的声音，水壶和水龙头发出的声音，等等。我们也可以在两把椅子背上横着架起一根木棍，然后将一些小号的牛奶瓶挂在上面，制作一把木琴。在这些牛奶瓶中倒入不等量的水，从而匹配不同的音阶。在下雨和下冰雹的时候，我们还要让儿童能够留意到风声和其他的自然声响。此外，我们还需要识别出各种声音间的差异，如高音或低音，轻柔或响亮的声音，持续或断断续续的声音。在此之后，儿童也会开始学着模仿各种他们听到的声音。随着儿童听觉辨别力得到相应的发育，他们对声音间的细微差别会变得更为敏感，可以将纸巾或报纸发出的沙沙声、用蜡笔或铅笔敲击窗户的声音，以及在砂纸或瓦楞纸上摩擦指尖的声音等区分开来。

---

[1] 译者注：蒙台梭利铃铛是蒙式教育经常使用的一种教具，可以促进儿童听觉辨别力的发育。

故事、儿歌和歌谣，无论是以讲述的形式呈现，还是以颂唱的形式呈现，往往都能吸引儿童仔细听。对于那些他们能够参与其中的故事，儿童还会模仿里面的押韵，或重复故事中的某些行为。这种练习有助于培养他们的自我控制力和对线索做出反应的能力。这是一种复杂的听力技能，需要调用儿童包括记忆、预判和快速反应在内的多种能力。这种练习也有助于儿童在某些特定情境中有目的地大声朗读。此外，回声游戏、在模仿和回答时有节奏地拍手或按顺序有节奏地念出某些名字，这些游戏也都很有意思，如 "Mary, Bob, Penelope, Angela"（玛丽、鲍勃、佩内洛普、安吉拉）或 "Rumpelstiltskin"（侏儒怪），"Old MacDonald had a farm"（老麦克唐纳有一个农场）。这些游戏往往要求儿童能在朗读时做到用词准确且发音清晰。当我们谈及声音或某些特定的单词时，押韵可能就没那么容易做到了，如运煤车的噪声、"Peter works with one hammer"（彼得用一把锤子工作）。不过，有时像 "Little Peter Rabbit had a fly upon his nose!"（彼得兔的鼻子上有一只苍蝇！）这样貌似琐碎无奇的小事，反而能够激发儿童，让他们产生关注并记下这些声音的意愿，这往往有助于儿童内部言语能力的发育。对押韵的关注，对口技、声音渐强或渐弱、语速或快或慢的运用，也有助于儿童形成敏锐的听觉能力，促进他们听觉辨别力的发育。但最重要的一点是，教师必须能够充当满足学生学习需求的言语模型，要具备高品质且富于语调变化的声音特质，且能做到用词准确、发音自然、吐字无误。

此外，我们还要更多地关注运动和言语间的关联性。人们可能会想当然地认为，跳韵、数韵或仪式性的押韵都是游戏的一部分，儿童的相关技能借助 "This little pig went to market"（这只小猪去市场）或 "Round and round the garden like a teddy bear, one step, two steps, tickly under there!"（像泰迪熊一样在花园里转啊转，一步，两步，挠痒痒啦！）这样的练习都会自然习得。但事实并非如此，就像我们在建立起视觉与动觉间的关联后，仍需主动建立听觉与动觉间的关联一样，后者并不会自然形成。优秀的母亲会在儿童上床睡觉时给他数着台阶（要是用的是普通的平板床可该怎么办啊！），这种有节奏的运动行为有助于儿童记忆力的发育。

儿童喜欢伴随着有韵律的节拍朗诵乘法表，而摇篮曲则是另外一种带有韵律感的素材。如今，我们已经开发出了能够模拟母亲心跳节奏的机械装置，可以用于安抚情绪处于不安状态的宝宝。母亲往往很快就能学会如何辨别自己宝宝的哭声，还能从众多宝宝的哭声中准确地认出自己孩子发出的声音。同时，宝宝也能学会分辨妈妈的声音，并会立即做出相应反应。这个案例也可以说明儿童的听力是具有选择性的。

如果你去听一听儿童在玩耍时发出的声音，会经常发现他们在有节奏地低吟，或吟唱一些毫无意义的音节，类似于宝宝在婴儿车中咿呀学语的声音。在之后的成长阶段中，我们所做出的**数数行为**往往是为了帮助儿童能够更好地进行运动：在早期校园阶段，**运动行为**往往有助于儿童言语和听力的发育。我们早就发现口吃的人在唱歌时的言语表达往往非常流畅，不会遇到任何障碍。因此，在儿童进行活动或跳舞时，我们也要鼓励他们多发声或多说话，这样会带来相当不错的学习效果。正式的言语训练可能并不适合在小学阶段进行，教师们现在都意识到了对儿童言谈举止的过度纠正很可能会抑制他们相关能力的发育，进而延缓他们词汇量的增长速度，妨碍儿童建立讲话和提问时的自信。不过，儿童言语能力的发育很大程度上依赖于他们的模仿行为，因此我们要尽可能多地为他们提供体验这种行为的机会。听收音机、唱片机和录音机不仅可以让他们感到快乐，还能丰富他们的经历和体验，有利于帮助他们对声音和文字进行排序，继而提高其阅读、书写和拼写能力。不过像 bill 和 bell 或 pig 和 pick 间这样细微的差别，儿童往往需要花上一些时间才会注意到，然后才能进行复刻再现。多数儿童很喜欢在录音机中听到自己的声音，而且通常乐于借助这种方式开展自我批评。

查尔斯·里德曾写道："人类的写作技巧虽经历了漫长的发展历程，却仍不幸地落于我们如有神助般的言语艺术之后。"

没有听觉辨别力，人类就不可能具备言语能力，正如皮亚杰所指出的：

儿童不会费心去了解他在跟谁讲话，或别人是否在听他讲话。他讲话的目的要么是愉悦自己，要么是在享受将碰巧在场的某人与正在进行的活动相互关联所带来的乐趣。当儿童开始向听众讲话，思考自己的观点，并试图借此影响听众的想法，或真的在和听众交流自己的想法时，教师有责任帮助他们实现言语能力向社会化发展的转变。

我们在完成这一任务时需要充分调动儿童的兴趣，否则他可能会直接罢工，并表现出厌烦的情绪，就如 G.K. 切斯特顿（G. K. Chesterton）[1] 指出的："一个哈欠就是一次无声的呐喊。"

---

[1] 译者注：G.K. 切斯特顿（1874—1936），英国评论家、小说家、诗人。

或许我们也应从弗朗索瓦·德·拉·罗什富科（François de La Rochefoucauld）[1]那里得到一些启发，他曾留意到：我们常常可以原谅那些自己讨厌的人，却无法原谅那些讨厌自己的人。我们也要听从 E.W. 豪（E. W. Howe）[2]的建议："没有人会留心听你说了些什么，除非他知道接下来要轮到自己发言了。"

## 小结

教师的责任主要包括：

1. 充当学生优秀的言语模型，要具备高品质且富于语调变化的声音特质，且能做到用词准确、发音自然、吐字无误。儿童会对教师的声音进行模仿。

2. 对听儿童讲话真的感兴趣。

3. 能够提供各式声音供儿童专心听，包括成年人和儿童的说话声在内。

4. 在表述指令说明和要求时只讲一次，即在集中儿童的注意力后，给他们留有充足的反应时间。

5. 牢记这一准则：对年幼或未发育成熟的儿童而言，合理的"教学距离"（teaching distance）是一臂的长度。但实际上也存在特殊情况，有些儿童必须在肢体直接接触的情况下**才会**听你讲话。

---

[1] 译者注：弗朗索瓦·德·拉·罗什富科（1613—1680），法国公爵、马西亚克亲王，古典作家，著有《道德箴言录》。

[2] 译者注：E.W. 豪（1853—1937），美国编辑、小说家、散文家，以悲观主义和反传统而闻名。

6.学会借助录音机让儿童对自己的声音变得更为敏感，就像其他人在听到他们的声音时表现出的状态一样。

虽然说"无心听者耳最聋"，但我们也必须牢记，儿童常常会出现听不懂的情况。技艺娴熟的教师可以对每名学生的发育阶段进行评估，并帮助他成功步入下一个阶段。R.L. 史蒂文森（R. L. Stevenson）[1] 曾表示："所有我们已经讲出来的言语，无论是以书面形式呈现的，还是借口语形式表达的，都是一种业已死亡的语言，除非你能发现乐于聆听且有所准备的听众。"

苏珊·艾萨克斯则认为：

文字是人类进行思考不可或缺的工具，在没有文字辅助的情况下，儿童的理解认识过程势必会受到相应的制约。试想一下正常儿童对命名事物的那番热情，以及他们在碰到新单词和短语时所表现出的那种欣喜感。对那些无缘掌握这种高质量工具的使用方法，无法在自己学习知识和沟通交流时用上它的孩子来说，他们将因此失去很多东西，既包括借此对事物形成的理解认识，也包括因此带来的社会阅历。

听觉辨别力赋予了我们将**声音**转化为意义的能力。

---

[1]　译者注：R.L.史蒂文森（1850—1894），英国散文家、诗人、小说家和旅行作家，著有《金银岛》《绑架》等。

## 第七章

# 视读法
## Look and say

注意力用于探索，感知力用于发现。


在上一章中，我们讨论了注意力的焦点、边缘和背景。而在之前的章节中，我们还谈到了借用兴趣提高视觉和听觉能力的方式。漫画既浅显易懂，又令人感到愉悦，毫无疑问，可以起到帮我们持续集中注意力的作用。如今，市面上出版了大量适合各个年龄段人群阅读的漫画，为了迎合读者的喜好，有些还使用了夸张的语言和插图。近来新出现的一种漫画甚至还声称具有"**教育意义**"。一般来说，商业机构很快就会发现"教育"这个词本身就意味着畅销，因此我们在那些最不起眼的小东西，甚至多多少少带有危险性的玩具上，都能发现贴有"富于教育意义"的标签！如果教师和家长都能对现在的漫画稍作研究，并试着分析一下这些作品的魅力所在，肯定能学到不少东西。


## 漫画

实际上，漫画中的很多谜题对小朋友而言，都是非常实用的视觉辨别力练习，有些还能对他们的手眼协调性起到锻炼作用。漫画里对彩色插图和不同风格黑白插图的兼用，还会进一步强化儿童的视觉辨别力。要求儿童在图片中找到隐藏的对象，将色块与轮廓形状进行比较（这就更难了）；沿着缠绕在一起的鱼线抓住拿着线的人；在纸上走迷宫；按顺序自左向右地对着三幅或四幅画讲故事；在图片中寻找异同；体验视觉双关语，或对图片进行描摹和着色，以及组织比赛：这些都是我们可以在阅读前开展的活动。对于水平稍高的读者而言，通常他们还可以玩些拼写游戏，如：重新排列杂乱无章的字母，纵横填字游戏，将带有图片的文字段落转换成某个单词或是单词的某个部分（双关语或押头韵和谜语）。在我们组织这些活动时，参与者需要集中注意力，这样才能理解面前这些物品对应的含义。

作为视觉刺激的"接收方"，我们可能会对如下情形非常抵触：

（a）古典、魔法、科学、幻想和日常生活等诸多内容的混杂，无助于我们更好地把握现实；

（b）插图质量粗俗低劣；

（c）使用的语言水平跟俚语不相上下，或使用的单词美语化程度较高；

（d）家长和教师常以负面形象出现，尤其是教师；

（e）广告宣传精准对标青少年群体，尤其是漫画中的广告；

（f）强调以金钱、性爱和竞争作为评价某人成功与否的标准；

（g）种族歧视。

似乎只有在涉及帮派或俱乐部时，漫画才会谈到合作的概念，并借此将那些没有成功融入这些"时髦"社群的人排除在外。

作为视觉刺激的"提供方"，我们必须意识到有些出现在故事和漫画中的情形，在日常生活中却鲜有存在，如出现在一些故事和连环画中过高的道德水准，以及出于对先人的尊敬，民间故事中反派的负面形象往往会与英雄的正面形象形成鲜明对比。有些漫画在涉及其他社会情景时，则会尝试插入一些真实存在的新闻事件，如当漫画涉及与健康和美容相关的产品，或旨在鼓励人们做好个人卫生和培养良好饮食习惯时。此外，当观众以读者来信或建议的方式参与漫画中的活动，或希望能够借助漫画为人们提供帮助和建议、讲授正确的礼仪，或对适当的社交行为得体地提出建议时，我们也会在漫画中植入一些现实情况。

有些漫画人物形象的成功，从它的"长寿"就能看得出来。仅我手头上的漫画就足以印证，有些漫画角色至少从 1958 年起，就一直过着完全相同的生活，也许开始的时间还可能更早。但其他一些角色则可能转瞬即逝，只在从页面映入我们脑海的瞬间一闪而过。插图和漫画的风格可以让人一眼就认出书中的角色，而且作者还会精心设计这些角色，从而迎合儿童的自我意识。我们通常能清楚地意识到自己眼前出现的是一个英雄形象，以及儿童对这些英雄形象所产生的认同感和他们效仿英雄人物言谈举止的意图。因此，我们可能有必要思考一下，如何才能与漫画一较高下，将儿童的注意力转移到我们认为更有价值的读物上来。漫画能够成功吸引儿童注意力的原因之一，就是它们可以使儿童快速且不费吹灰之力地理解纸面所呈现内容的含义。漫画所使用的文字往往难度很低，而且多数都是儿童的积极词汇，而非消极词汇。此外，漫画的插图和文本也完美地结合在了一起。当然，还有一个我们不能忽略的事实——多数成年人对漫画持反对态度，这让漫画对儿童产生了额外的吸引力！（在本章末尾，我们将专门讨论适合儿童在校园中使用的定制图书和材料，并从对图书和材料进行评估时可能涉及的角度提出相应建议。）那么家庭和学校又该如何与漫画争夺儿童的注意力呢？

许多学校都非常重视分级阅读方案的遴选工作。所有现代阅读方案中都加入了彩色的插图。有些方案甚至还附有各式各样的辅助性故事书，以及适用于班级、小组和个人使用的教学材料和设备，如光盘和幻灯片等。这些阅读方案多配有教师手册，会对方案的目标和相关材料的正确用法进行说明，有时还会就儿童语言发展的基本原理和阅读教学活动给出建议。有些方案会依视读法或自然拼读法进行设计，而其他一些方案则声称无论教师采用的是视读法，还是自然拼读法，本方案均适用于其教学活动。i.t.a. 本来就不是一种**教学方法**，只是一种在早期阶段锻炼儿童机械熟练度时使用的工具，在后期学习活动中会被其他工具所取代。

笔者认为，对多数儿童而言，将视读法和自然拼读法结合使用，可能会达到不错的效果。我们可以从视读教学入手，帮助儿童逐步形成可靠的发音技巧，这样的过程会促使儿童发展成为自信且独立的阅读者。但这种结合使用需要我们确保所有的教学活动都能与周围环境息息相关，还要做到能从儿童的个人兴趣出发。同时，笔者认为，教师对教学活动的热情，以及她能够根据每名儿童的不同需求，相应地调整教学方法的能力也极为重要。鉴于此，多数学校都要准备好丰富的读物供儿童阅读，而有些教师（和学校）则根本不会使用我们上面提到的这些阅读**方案**。教师在选择教学方法时，必须始终基于对每名学生的细致观察，并要试着用让他们觉得最为自然的方式进行学习。世界上不存在**完全正确**的阅读教学方法，只要能够达到相应的教学效果，字母表法甚至都可以在教学活动中派上用场。帮助学生通过在学习过程中体验到的愉悦感取得成功，从而确保未来能够持续阅读，这才是我们最重要的目标。事实上，有些儿童似乎根本就不需要我们"教"，但能得到老天如此垂爱的孩子真的少之又少。对这些孩子而言，无论是有意为之，还是偶然天成，身边的环境似乎都已为他们做好了最完美的"准备"。

## 🏃 **预读计划**（准备工作）

当儿童第一次步入校园时，教师会立即对他的准备情况进行评估。教师对学生的观察记录是其敏锐且全面的观察能力的体现，她会借此对学生当前所处阶段的准备情况进行评估，并将尽其所能地利用教学活动激发学生进入下一个准备阶段。显然，家庭环境对儿童的影响也至关重要，儿童在家庭里的经历、体验与境况不尽相同，从享有全方位、富足的语言资源环境到语言资源严重匮乏的环境，各种情况都有可能出现。因此，预读计划必须能够满足学生不同能力水平的需求。

到目前为止，教师最重要的一项工作就是营造出能让儿童感觉轻松自在的课堂氛围，使他们可以在这里感受到来自各种感官体验的刺激，谈论、分享自己的感想、感受和想法（参见第二章）。

# ⅄ 读故事和讲故事

有两种方法可以有效激发儿童的阅读动力：1. 讲故事与读故事，2. 与他们一起制作读本。

**1. 讲故事。** 讲故事一直都是人类文化得以代代相传的重要方式之一，比如伟大的先师总会借用讲故事的方式教导众生。从耶稣的寓言、各国的神话和传说、伊索寓言、格林兄弟收集的故事、安徒生或拉·封丹创作的故事、童谣和《格列佛游记》（*Gulliver's Travels*）（原本都和童年阶段所需知识相去甚远），到现代的爱德华·李尔（Edward Lear）[1]、比阿特丽克斯·波特（Beatrix Potter）[2]、刘易斯·卡罗尔、法吉恩（Farjeons）[3]，还有数以千计、不胜枚举的故事或作家，都在通过作品帮助我们更好地了解自我，引领我们走出以自我为中心的世界，学会理解和考虑他人的感受。每位幼儿教师都要具备讲故事的能力，更要享受看着听故事人脸庞的感觉，与他

---

[1] 译者注：爱德华·李尔（1812—1888），英国博物学家、画家、诗人，被誉为英国"胡话诗"第一人，主要著作有《胡诌诗集》《猫头鹰和小猫咪》《意大利画记》等。

[2] 译者注：比阿特丽克斯·波特（1866—1943），英国儿童文学作家，童话故事《彼得兔》的创作者，另著有《松鼠纳特金的故事》《格鲁塞斯特的裁缝》《汤姆小猫的故事》等。

[3] 译者注：依列娜·法吉恩（Eleanor Farjeons，1881—1965），英国儿童文学作家，1956 年获国际安徒生奖（国际安徒生奖儿童文学奖首位获奖作家）、英国图书馆协会卡耐基奖，1958 年获刘易斯·卡罗尔图书奖。创作的童话故事被译为多国语言，深受读者喜爱。主要著作有《伦敦街头摇篮曲》《小书房》《老保姆的针线笸箩》。为纪念其在儿童图书领域的杰出贡献，英国儿童图书委员会（the UK's Children's Book Circle）于 1966 年设立了依列娜·法吉恩奖。

们分享情景相宜的故事。很多教师会编一些与儿童自己或身边环境相关的故事，帮助他们在理解身边事的基础上生活其间，就像人类曾试图通过自行解读自然现象的方式，控制自己对这些现象的恐惧一样。此外，故事讲得好还有助于儿童听力的发育，有些故事本身就兼具参与性和互动性，如"姜饼人"（The Gingerbread Man）、"三只小猪"（Three Little Pigs）或"这是杰克盖的房子"（This is the house that Jack built），这些故事往往可以帮助儿童形成良好的言语能力和自控力。

我们要让儿童在阅读故事时自己拿着书，这样可以让他（他们）看到书上的图片和印刷的文字。我们必须引起儿童对印刷文字的关注，让他们开始意识到这就是所谓的**视觉言语**，并且了解等学会朗读后，他们就能自己把这些字面上的符号转变为声音和感觉意识了。要特别留意的是，我们还要帮助他们将连续的声音（也就是言语）分解成一个个独立的部分（也就是单词）。最容易处理的单个单词可能就是儿童的名字了，这主要是因为他们的名字往往会具备相应的情感价值。我们通常很容易就能将"Goldilocks"[1]这个词从几行印刷的文字中找出来，因此有些儿童会喜欢在写有自己和朋友名字的抽认卡中寻找"Goldilocks"这个词。这类寻词游戏也可以在我们进行教学延展或导入故事时使用，但教师要充分考虑好这种游戏活动是否会破坏故事本身所带来的情感满足。有时，儿童只会接受在一对一的关系中听故事，而且还必须坐在成年人的膝盖上才能专

---

[1] 译者注：Goldilocks 是经常出现在英文儿童阅读练习中的主人公，类似于我们数学题集中的"小明"。

心听。因此，学校往往非常欢迎更多的成年人加入他们的行列，由家长来充任班主任或兼职教师、普通助理或幼儿看护等教辅人员。他们也可以适应学校的需要，在专业教师的指导下开展辅助性工作，从而可以顺利帮上些忙，且不会妨碍教师正在开展的教育教学工作。很少有儿童可以在父母和老师都在教室里的时候还能继续表现得非常自然。如果父母对其他儿童给予相应的关注，孩子还可能很容易就产生背叛感，或表现出嫉妒。考虑到这一因素，很多学校会安排家长参与其他班级的活动，从而妥善解决这一问题。此外，父母还可以帮助老师处理好一些周边事情，比如帮儿童准备餐食，以便教师可以专注于有赖其技能专长的工作领域。

**2. 个人自制读本。**另一种极为重要的预读情景则是个人自制读本的制作。这些自制的读本可能是利用儿童的涂鸦制作而成的，里面的文字是由教师或教辅人员**在儿童在场的情况下，根据他们的口述**写下来的。其他读物则可能是由教师为个别儿童专门制作的，会用上教师已经发现的儿童兴趣点或某些情感因素。举个例子，教师可能会借用这些读本帮助年龄较大的儿童重新适应新生儿降生这件事，将他们对新生儿的情感关切从怨恨转变为保护和分担责任。就像"约翰尼的小妹妹"[1]（Johnny's baby sisters）故事里讲的一样，让这对儿双胞胎既不会感到自己会被撵走，情感表达的需求也能够得到满足。在此

---

[1] 译者注："约翰尼的小妹妹"是 2009 年在北美地区播出的某部动画片的部分故事片段。故事中的约翰尼需要在父母外出的 3 个小时中，独自照顾留在家中的双胞胎苏珊和玛丽，包括给她们喂饭、换尿布和不让她们惹麻烦。

之后，这位得意扬扬的小主人还会花费大把的时间，**拿着这本有关小朋友**（即新生儿）的自制读本在校园里"招摇过市"。成年人往往会意识到，儿童需要借助在读本中分享自己的快乐来建立自信，因此他们会在书中对自己可以在家里有个"小宝宝"是多么幸运这件事评头论足。没错，新生儿在这里就成了"他的"小宝宝了。父母有时可以通过讲故事、谈论需要在家里添张婴儿床等物件、大惊小怪地对待大孩子等方式，帮助孩子对弟弟、妹妹的降生产生相应的期待，这样他就不会觉得自己的重要性有所降低了，反而会感觉他的地位与重要性更高了。我们往往记不清自己究竟花了多久才学会了分享这件事。我们要确保孩子是"因为这个小宝宝太小了"，所以才同意把婴儿床让给这个"新来的"用，而且是因为"爸爸给我买了这个新的，我个头真的太大了！"这个令其倍感开心的理由，才适应了新买来的床。不能让他感到这样的变化是因为——"从现在开始你去睡新床，这个婴儿床要给小宝宝用了"！这两者间可是存在天壤之别的。

故事可以让儿童在不亲自参与的情况下，帮助他们重新体验和思考已经发生的事情。我们可以借此培养他们设身处地为他人着想的能力，从而帮助他们走出以自我为中心的世界（这里讲的**并非**自私，而是指不会察觉他人的感受），开始对他人产生同情和看法，并慢慢地意识到别人与自己的相似之处。在儿童能够分清现实和幻想之前，我们一定要倍加谨慎，不要给他们讲述童话故事，那些我们本以为能起到保护作用的"**让我们假装**"，很可能会轻易让位于冰冷的恐惧，让孩子担心祖母真的会变成大灰狼！当我们变成"萝卜的故事"（The Tale of a

Turnip）[1] 里不同的角色时会是一种什么感觉？或"小黑桑波的故事"（Little Black Sambo and the tigers）[2] 里面的角色呢？又或者是"蜜莉姑娘"（Milly-Molly-Mandy）[3] 里面的人物呢？我们都知道躲在床底下的小熊是很聪明的，当妈妈向床下看的时候它就会跑开，但在她下楼后，小熊很快就会偷偷溜回来。在儿童尚未发育成熟，还无法适应黑暗环境前，如果我们在离开他房间时把灯给关掉了，那"小熊是一定会跑回来的"。因此，我们给孩子讲述的故事应该能够起到安慰和娱乐的作用，而不能让他们感到害怕和恐惧。

视读法的效果体现在：

（a）帮助儿童提高词汇量和交流时的愉悦感，即儿童在听和说两方面的能力都能有所改善；

（b）帮助儿童意识到手写体和印刷体都是记录下来的言语；

（c）帮助儿童慢慢具备将听到的言语切分为独立词汇的能力，而非仅仅是将听到的言语视为一串连续的声音；

（d）帮助儿童具备借助视觉方式识别词汇的技能，并能将这些词汇与他人或自己讲出的单词发音及对应的含义相关联。

---

[1] 译者注："萝卜的故事"是格林童话中鲜为人知的一篇，讲述了一个农民种下萝卜种子，收获了一个巨大的萝卜，给他带来好运的故事，探讨了谦逊、合作和努力工作的回报等主题。

[2] 译者注："小黑桑波的故事"文字简单、图文并茂，讲述了一个印度男孩利用聪明才智战胜了四只威胁要吃掉他的老虎的故事。

[3] 译者注："蜜莉姑娘"是一部故事集，讲述了一个足智多谋、体贴周到的女孩所经历的种种故事，反映了儿童世界的困境和挑战。

## ⚹ 出于文字认知目的的课堂活动

**1. 使用姓名卡。**使用小写字母标注（2 厘米高），要写成 Jonathan，而非 JONATHAN。

（a）识别出自己的名字。

（b）配对，即发现相同之处。

（c）分类，即发现差异之处。

（d）分级：

　（i）根据长、短等进行分级，如 Goldilocks 跟 Tom 比哪个更长，哪个更短。

　（ii）根据字母的上半部分和下半部分进行分级。

　（iii）根据词首字母进行分级。

（e）寻找游戏，比如将卡片散放在房间各处。让每名儿童都找到写有自己名字的卡片，并坐在卡片旁边。之后，随着儿童视觉词汇量的增加，他们可以开始玩些其他形式的寻宝游戏。可以让他们互相藏匿卡片，由找到卡片的儿童读出卡片上所写的内容，并说出这张卡被藏在何处。

（f）邮递员游戏，让儿童像送信一样，分发卡片。

**小提示：**这些游戏百分百可以获得成功，而且儿童还很喜欢自己编创的抽认卡游戏。

**2. 房间物品标签。**给房间里放置的物品，如工作表、衣架、模型、宠物等都贴上标签。从卡片上同时出现图示和文字的方式入手，如 scissors（剪刀）。然后去掉图示，并

引入大小尺寸的概念，要求他们在 scissors 和 **scissors** 间进

行配对。记住在使用卡片时，要在字母周边留有足够的空间（通

常要能写下一个小写字母 a），这样看起来会舒服些，如

a<br>apega<br>a ＝ peg 不要写作 peg 。在此之

后，我们还要借用同样尺寸的卡片，让他们学会通过阅读上面

的文字识别卡片，不能仅凭卡片的尺寸进行选择。

**3. 须知卡**（参见第四章）。

**4. 指令卡。**我们会在这些卡片上写出需要儿童做出特定行

为的指令，如站立、拍手、打开门、拿一瓶牛奶等。在早期阶段，

这些卡片上句子的长度可能会很短，也许只是个简短的提示，

有可能跟前面提到的 Goldilocks 和 Tom 一样，只是某个单独的

单词。这种分级方式最终会促使儿童对文字进行阅读，而非识

别卡片的形状或长短。

**5. 儿童自己创作的涂鸦。**给这些涂鸦都贴上标签，让孩子

自己进行观察。我们可以在标签上只写出创作者的名字，并告

诉他，"这样我就知道这是你的作品了"。当这些涂鸦作品的

内容开始变得具有某些目的性时，我们就可以在标签上写些具

有象征意义的文字了，文字要和涂鸦的内容有所关联。

**小提示：**这里想要强调的是重复和强化的重要性。

**6. 个人读本。**儿童制作个人读本的动力源于对以自我为中

心思想的接纳。"我的读本"意味着我是一个重要的人，我的

作品很重要，而且很有价值。我能读出自己的名字，并叫出"爸

爸""妈妈"等。儿童可以借此感到自己对身体、对环境的掌控力越来越强，领悟和分享的能力也越来越强，从而产生"**你来看我的**读本，**我来看你的**"这样的情形。从对比可能引发的伤害性方面来看，上述这种互相阅览个人读本的行为完全没有任何竞争意味在其中，反而会使儿童体验到丰富的认同感和成就感。口语和书面中使用的这些文字，如果能与有趣的活动建立起强有力的关联，将有助于儿童产生重复使用这些文字的欲望。我们可以记录下儿童从事的富于戏剧效果、与身体相关、具有破坏性或建设性的一些活动，以及他们在处理人和物，或回忆某些已知的情景或熟悉的场景时表现出的行为。

## ⚔ 关键词和内容

**7. 关键词。**我们要从句子中挑出最重要的单词，让儿童更多留意这些词，弱化他们对那些"补白"单词（the、and、was 等）的关注。同理，让儿童亲身参与一些活动也是个不错的入门方式。大卫带来了一片彩色的树叶，在我们进行展示时，要在上面贴上写有"大卫带来了这片红色的树叶。他在公园里发现了这片树叶。"的标签。"这是谁带来的？""大卫带来了什么？""他在哪里发现的？""它是什么颜色的？""你还能再找到一样红色的东西吗？""还有什么东西和大卫带来的树叶是同一种红色？"这些问题都可以通过直接阅读标签上的文字找到答案，而它们之间的相互关系，将最终引发儿童富于表现力的朗读行为。

**8. 文字必须能在各类文本中被认出。**既包括从不同体量的文本中辨认文字，也包括最终可以从不同类型的文本中识别文字。我们在刚开始时要确保教室中的标签和其他抽认卡、须知卡和指令卡都使用统一规格的字母进行书写，这种做法极为可取。但随着儿童所具备的技能越来越丰富，他们的安全感也得到相应提升的时候，我们就必须开始借助不同的文本类型来呈现相同的文字了，这样做可以让他们将文字的**含义**与文字本身相匹配，而非在文字的视觉呈现形式和含义间建立联系。我们的最终目的，是要帮助儿童在尽可能多的情景中建立起视觉、声音和含义的"三联关系"。

在早期阶段，我们有必要在某个单词卡片的旁边或下面同时准备一份便于随身携带和保存的副本。随着儿童视觉记忆力的发育，他们可以仅凭借视觉识别就能完成配对任务。最终，儿童所具备的回忆能力可以使他在没有副本对照的情况下，也能正确地写出某个单词。

之后，儿童对于单词的某些部分也可以进行配对了，如词首（单个字母或二合字母[1]）、词尾，最后是单词的中间部分。在他们习惯于自左向右的眼球运动前，不要将儿童的注意力集中在单词的词尾和中间部分，这是非常重要的一点。此外，还要尽快训练儿童习得通过上下文推测单词含义的能力。

---

[1] 译者注：二合字母是由两个字母组合在一起构成的，不再发每个字母单独的音，而是形成了一个全新的组合音，如 ch、sh、wh 等。

## ▎ 言语化

教师整天都要"絮絮叨叨"不停地说话，将儿童的体验用文字表达出来，并引导他们在跟自己对话时用上这些单词。教师还要抓住时机，引发儿童对书面文字的关注，并让他们发现书面文字与言语间的关系和相应的用途，比如：

"我最好把它写下来，这样我就能记住了。"

"请把这个纸条拿给史密斯小姐。这会让她借给我们一些胶水。"

"请把这封信交给你的妈妈。这是问她是否允许你去动物园的。"

（看着一篇有署名的文章）"这是约翰写的。上面写有他的名字。"

"我不知道（即便她是知道的！）。让我们在这本书里查一查吧，找找你那朵花的名字。"

诸如此类。

## ▎ "读一读，做一做"卡片

市面上销售的游戏卡片很少能够满足现如今的教学需求，这个现象很正常。儿童的兴趣点总是令人难以捉摸，因此我们需要对"读一读，做一做"卡片上的文字内容进行遴选，从而使其匹配每个儿童的能力和技能水平。在早期阶段，需要由教师来准备相应的游戏卡片，但随着儿童书写能力的提高，他们会乐于为彼此编写卡片。这样一来，在准备的过程中就会形成很多有助于文字学习的重复和重读行为，因为这些编创卡片的人必须对朋友的反应进行核验。当儿童喜欢做某项任务时（也许是做面包），就会产生把自己的解读以小妙招或指南的方式写下来的想法，以便别的孩子也可以照此尝试。在"家庭式"混龄编组中，上述方式很容易就能实现，而且还会在学生间形成合作和相互的支持，不会因此出现激烈的指责。实际上，那些激烈的指责往往源于组内的竞争关系。

## ⚔ 分级阅读方案的使用

许多儿童在学习阅读时并没有使用分级阅读方案，而是使用了不同方案中的某些读本。如果能够以儿童的自身经历和兴趣为基础，上述做法可能是一种非常理想的学习方式。但这种方式要求教师必须在挑选读本时保持谨慎，不要将基于视读法的读本和为自然拼读法编写的读本弄混。对于那些经验不足或缺乏信心的教师而言，优秀的阅读方案可以起到很好的辅助作用，推荐大家使用。在仔细研读教师手册前，我们不应贸然使用任何一套方案，这一点也极其重要。这不仅体现了对方案作者应有的尊重，更是好好利用某一方案前必不可少的准备工作，它将确保读本和教学器具都能按照作者本人的预期予以呈现和使用。

人们通常认为，约有 80% 的人主要依靠视觉进行学习，他们对视觉刺激更为敏感，对听觉刺激的敏感性则较弱。但在多重（而非单一）感官的刺激下，所有人都能更快、更高效地进行学习。因此，儿童往往会从书写所引发的动觉刺激中获益匪浅，我们应鼓励他们对正在学习如何阅读的单词进行勾画和誊写（参见第五章、第九章和第十章的相关内容）。

## ⚑ 词汇量

有关儿童自然口语交流所需要的词汇量，社会上存在很多种不同的统计结果，有些数据已被用作阅读方案的研发基础。以前，在对儿童进行词汇训练时，我们倾向于着重练习某些特定的单词，从而确保他们能够一眼就认出这些重要的单词。对家长和教师来说，下面这一说法无疑是极具诱惑力的——只要学会 12 个单词，就相当于掌握了一般英语读本四分之一的词汇量，这 12 个单词是：a、and、he、I、in、is、it、of、that、the、to、was。如果我们再加上下面这 20 个单词，上述比例则可高达三分之一：all、are、as、at、be、but、for、had、have、him、his、not、on、one、said、so、they、we、with、you。如果我们刚开始就只学了 100 个单词，那我们将有望认出日常读物和报纸中一半左右的字。仔细看看上面这些词，你就会发现它们大多是一些用于补白的词，没有什么实际意义。上面这些单词是小朋友的积极词汇，他们在使用这些词的时候会非常有把握。但如果我们想在脱离上下文的情景下教授这些单词的含义，那就是另外一回事了，更不必提让孩子们产生学习这些单词的意愿了！按照经验，如果写东西时需要用到这些单词的话，那我们往往很快就能学会它们，还能在充分理解发音训练、构词法和拼写用意的基础上，不厌其烦地对这些单词进行练习（见下列清单）。

## 最常使用的英语单词清单

清单 A：下列 12 个单词平均来讲可以占各类阅读材料全部用词的 1/4

| a | 一（用于可数名词或单数名词前，表示未曾提到的） | | | | |
|---|---|---|---|---|---|
| and | 和 | he | 他 | I | 我 |
| in | 在里面 | is | 是 | it | 它 |
| of | 属于 | that | 那个 | the | 这 |
| to | 对着 | was | 是（过去时） | | |

清单 B：下列 20 个单词，再加上清单 A 中的单词，占各类阅读材料全部用词的 1/3

| all | 全部 | as | 像 | at | 在（某处） |
|---|---|---|---|---|---|
| be | 有 | but | 但是 | for | 为 |
| are | 是（be 的现在时复数以及第二人称单数形式） | | | | |
| had | 有（过去时） | | | have | 有 |
| him | 他（宾格） | his | 他的 | not | 不 |
| on | 在上面 | one | 一（数字） | said | 说（过去时） |
| so | 所以 | they | 他们 | we | 我们 |
| with | 和 | you | 你 | | |

清单 C：下列 68 个单词，再加上清单 A 和 B 中的单词，占各类阅读材料全部用词的 1/2

| about | 大约 | back | 背部 | bee | 蜜蜂 |
|---|---|---|---|---|---|
| an | 一（件、个、场），在下一单词为元音开头时代替不定代词 "a" | | | | |
| before | 之前 | big | 大的 | by | 靠近 |
| came | 来（过去时） | | | can | 能 |
| come | 来 | could | 能（过去时） | | |
| did | 做（过去时） | | | do | 做 |
| down | 向下 | from | 始于 | get | 获得 |
| go | 去 | has | 有（have 的第三人称单数） | | |
| her | 她的 | here | 这里 | if | 如果 |
| just | 正好 | like | 喜欢 | little | 小 |
| look | 看 | made | 构成 | make | 做 |
| more | 更多 | much | 许多 | must | 必须 |
| my | 我的 | no | 不 | new | 新的 |
| now | 现在 | off | 关闭 | only | 只有 |
| or | 或 | our | 我们的 | other | 其他 |
| out | 出来 | over | 过去 | right | 正确的 |
| she | 她 | some | 一些 | well | 好的 |
| then | 那时 | them | 他 / 她 / 它们（宾格） | | |
| there | 那里 | this | 这个 | up | 向上 |
| want | 想要 | their | 他 / 她 / 它们的 | | |
| went | 去（过去时） | | | what | 什么 |
| were | 是（过去时） | | | when | 何时 |
| which | 哪个 | who | 谁 | will | 将 |
| your | 你的 | call | 打电话 | first | 第一 |
| into | 进入 | me | 我（宾格） | old | 年长的，旧的 |
| see | 看 | two | 两个 | where | 哪里 |

清单 D：100 个最常用的单词

| after | 之后 | again | 再一次 | always | 总是 |
|---|---|---|---|---|---|
| am | 是（系动词 be 的现在时，用于第一人称单数） | | | | |

| | | | | | |
|---|---|---|---|---|---|
| another | 另一个 | any | 任何的 | ask | 提问 |
| away | 离开 | bad | 坏的 | because | 因为 |
| best | 最好的 | bird | 鸟 | black | 黑色的 |
| blue | 蓝色的 | boy | 男孩 | bring | 带来 |
| day | 一天，白昼 | dog | 狗 | don't | 不要 |
| eat | 吃 | every | 每个 | far | 远 |
| fast | 快的 | father | 父亲 | fell | 击倒 |
| find | 发现 | fly | 飞 | five | 五（数字） |
| four | 四（数字） | found | 创建 | girl | 女孩 |
| gave | 给予（过去时） | | | give | 给予 |
| going | 离开 | good | 好的 | green | 绿色 |
| got | 得到（过去时） | | | hand | 手 |
| have | 有 | head | 头部 | help | 帮助 |
| home | 家 | house | 房子 | how | 怎样 |
| jump | 跳跃 | keep | 保持 | know | 知道 |
| last | 最后的 | left | 左边 | let | 允许 |
| live | 生活 | long | 长 | man | 男人 |
| many | 许多 | may | 也许 | men | 男人（复数） |
| mother | 母亲 | Mr | 先生 | never | 从不 |
| next | 下一个 | once | 一次 | open | 打开 |
| own | 自己的 | play | 玩耍 | put | 放 |
| ran | 跑（过去时） | | | read | 阅读 |
| red | 红色 | room | 房间 | round | 圆形的 |
| run | 跑 | say | 说 | sat | 坐（过去时） |
| school | 学校 | saw | 看（过去时） | | |
| should | 应该 | sing | 唱歌 | sit | 坐 |
| soon | 很快 | stop | 停止 | take | 拿 |
| tell | 告诉 | than | 比 | too | 过于 |
| these | 这些 | thing | 东西 | think | 认为 |
| three | 三（数字） | time | 时间 | tree | 树 |
| under | 下面 | us | 我们 | very | 非常 |
| walk | 走 | white | 白色 | why | 为什么 |
| wish | 希望 | work | 工作 | would | 将（过去时） |
| year | 年 | | | | |

额外的 50 个名词

| apple | 苹果 | baby | 婴儿 | bag | 书包 |
|---|---|---|---|---|---|
| ball | 球 | bed | 床 | book | 图书 |
| box | 盒子 | bus | 公交车 | car | 汽车 |
| cat | 猫 | children | 儿童 | cow | 奶牛 |
| cup | 杯子 | dinner | 晚餐 | doll | 布偶 |
| door | 门 | egg | 鸡蛋 | each | 每个 |
| farm | 农场 | fish | 鱼 | fun | 乐趣 |
| hat | 帽子 | hill | 山 | horse | 马 |
| jam | 果酱 | letter | 信件 | milk | 牛奶 |
| money | 钱 | night | 夜晚 | nothing | 没有东西 |
| picture | 图画 | pig | 猪 | place | 位置 |
| sea | 大海 | shop | 商店 | sister | 姐妹 |
| street | 大街 | sun | 太阳 | table | 桌子 |
| tea | 茶 | today | 今天 | top | 顶部 |
| train | 火车 | toy | 玩具 | water | 水 |
| morning | 早晨 | Mrs | 太太 | name | 名字 |
| rabbit | 兔子 | road | 道路 | | |

　　这 250 个单词约占青少年阅读所需词汇量的 70%，占成人阅读所需词汇量的 60%。

　　当然，在孩子们开始尝试阅读一本书之前，已经能够认识书中大部分重要的单词（即关键词），这是非常重要的一件事。教师常常会借助讲故事和对图片进行讨论的方式完成这项任务，这样做不仅能巧妙地激发学生的学习兴趣，还能帮助他们通过视觉方式学会这些必备单词。多数市面上的阅读方案都会包含大量图片，其目的就在于激发师生间能形成上述对话。示教图、拼贴画或磁吸板这些教具在教学活动中也很实用，在我们讲述某个故事或叙述生活中发生的事情时，教师和儿童都可以借用这些教具对与之相关的人物形象和物品进行重新排列。在儿童从表演已发生的事件，逐步过渡到朗读书中的某个故事，或将某件发生在身边的事写进自己制作的书里的这一发展进阶过程中，示教图是一件非常实用的教学工具。

建立在儿童可以"读懂"图片的基础上，图解词典在他们建立文字形状和含义的关联性方面也发挥着重要作用。这些词典最好由个人或成组的儿童亲自制作，但我们往往很难将高标准的书写笔迹与课堂活动相结合。为妥善解决这一问题，我们发现了一种可取的方式，即提前准备好写有文字的标签。当然，我们还是要在儿童的注视下在标签上写出某个单词，然后再用事先写好的标签将刚刚写的这张替换掉，并贴到图片上。

## 🎴 配对卡

配对卡既可以用作儿童进行自我纠正的教学材料，也可以在对儿童进行测验时使用。他们很喜欢使用这种卡片，会将这些卡片作为一种智力游戏，主动花费很长时间去摆弄它们。市面上销售的配对卡往往价格不菲，比很多教师愿意支付的费用要高很多。如果教师能事先就将自己的想法筹划好，也可以在花费较少成本的基础上，制作出具有相同效果的卡片套装。这些卡片的大小一般会比标准纸牌的尺寸略小，这样的尺寸相对而言比较合适，我们可以用切纸机很快做出大量同样的卡片。此外，有些印刷厂也会出售各种颜色的空白标签，价格往往也不会很贵，但却真的非常漂亮。通常情况下，配对卡上的内容大致可按照如下顺序排列：

（a）与颜色相关的内容；

（b）与物品相关的内容；

（c）与形状相关的内容；

（d）卡片上兼具图片和文字或数字；

（e）卡片上只有文字。

除此之外，我们还可以对上述每个步骤再进行细分。

对多数小朋友而言，在刚开始进行配对卡练习时，我们在每个信封里放上 5 对卡片就足够了。但也会有部分孩子喜欢在更大的范围内进行配对和分类。

（a）与颜色相关的内容：

（ⅰ）5 对浓色；

（ⅱ）5 对淡色；

（ⅲ）5 对由深到浅的同一种颜色。

（b）与物品相关的内容：

（ⅰ）5 对玩具、动物、家具、衣服、车辆等；

（ⅱ）5 对大小不等的相同物品，如在大号玩偶和小号玩偶间配对等；

（ⅲ）成对出现的关联物品，如在茶杯和茶碟、鸡蛋和蛋杯、鸟和鸟窝间配对。

（c）与形状相关的内容：

（ⅰ）明显的规则形状，如圆形、正方形、三角形等；

（ⅱ）不同颜色的相同形状，如红色、黄色、绿色、蓝色、黑色的圆形；

（iii）不规则但轮廓清晰的形状，如：

（iv）样子十分相似的形状，如：

（v）实心和空心的形状，如：

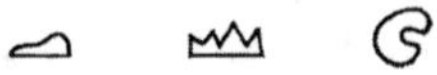

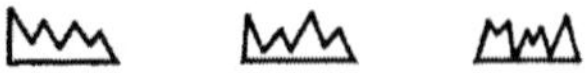

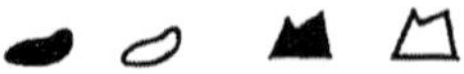

（d）卡片上兼具图片和文字或数字，如图 7-1 所示：

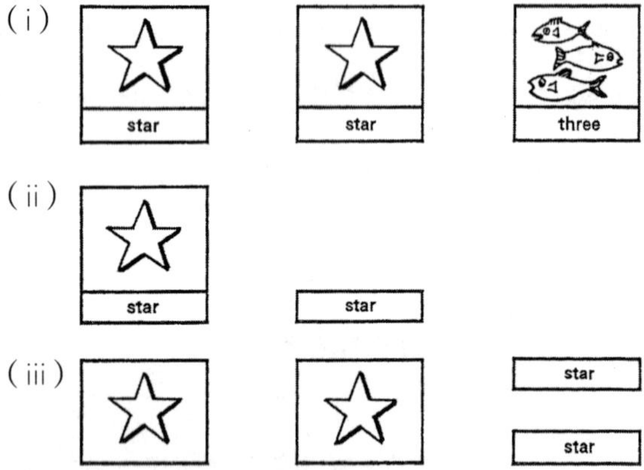

（i）
star
star
three
（ii）
star
star
（iii）
star
star

图 7-1

（e）卡片上只有文字。

根据教学需要，我们也可以将这些卡片按照图案进行剪裁，从而帮助儿童进行自我纠正。如图 7-2 所示。

star
ball

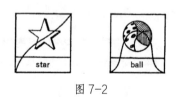

图 7-2

这样一来，我们就能确保儿童只有在正确配对卡片的情况下，才能将它们拼到一起。同样的方法也可用于句子拼图练习，我们可以在卡片的背面画上图案或颜色，这还有助于教师快速分类整理这些卡片。如图 7-3 所示。

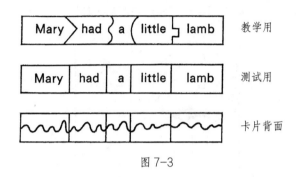

图 7-3

最后，我们还可将单词卡也剪成若干不同部分。通常情况下，根据单词的音节对卡片进行剪裁更为妥帖。

## 宾果游戏[1]

配对游戏的一种变化形态，可以以个人或小组形式进行。当我们以小组方式组织儿童进行宾果游戏时，要确保每个孩子拿到的材料上的单词排列位置都是不一样的，如图 7-4 所示。

| cat | down | stool |
|-----|------|-------|
| their | mother | home |

| home | cat | mother |
|------|-----|--------|
| down | stool | their |

图 7-4

---

[1]　编者注：以第一个完成游戏的人喊"Bingo"示意取胜而得名。

为了确保每组卡片都能配上对，我们最好每次同时制作两张卡片。当需要在卡片上写单词的时候，我们可以将两张卡片叠放在一起复写。写好之后，再将卡片剪成若干独立的单词。

　　另外一种配对游戏的效果也很不错，需要我们准备一些带有标注的图片，每张图片最好能准备两份。如图 7-5 所示。

图 7-5

　　**教学**：在第一张图片上贴好文字，或将写有文字的卡片摆放在图片的裱框上，并与图片中相对应的物品连线。然后要求儿童使用另外一张同样的图片进行配对。

　　**测验**：提供给学生的图片与教学时使用的一样，但写有标注文字的卡片只是散放在图片旁。我们可以在装裱好的图片后面贴个信封，将写有标注文字的卡片存放在信封里。

　　每两名儿童组成一个小组，要求他们对图片内容进行讨论，学习这些卡片上用于标注的文字。

　　此外，为了确保姓名卡或桌面上其他要用的材料都能以标准尺寸呈现在儿童眼前，我们最好能够提前剪好一个模板，如图 7-6 所示。

| 按照小写字母 a 的高度在卡面上开出一个镂空的矩形框 | agd |
|---|---|

图 7-6

教师套用姓名卡模板，用一支削尖的 3B 铅笔画出如图 7-6 所示可以规范字母大小的辅助线。这样一来，小朋友就可以在不破坏教师已经写好的文字辅助线的前提下，将矩形框内的辅助线擦掉了。

宾果游戏几乎有着无穷无尽的类型，但配对卡可能出现的情况已经都列在上面了。通过玩这些游戏，儿童逐渐具备了对文字进行匹配和配对的能力，包括识别大写字母和小写字母、不同的尺寸大小、母牛和小牛、母鸡和小鸡或小鸟和鸟巢之间的关系，小狗和狗窝、牛奶和水或阿拉伯数字写法的 5 和英文写法的 five 等之间的关系。

还有一些其他的视觉辨别游戏效果也不错，如"找不同"（如图 7-7 所示）或"哪个出错了"（如图 7-8 所示）。

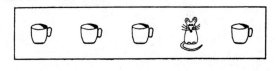

图 7-7

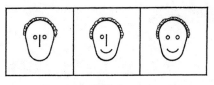

图 7-8

这些游戏往往能构建起趣味盎然的对话情景，而且随着儿童步入全新的学习阶段，他们还会乐于用文字对这些涂鸦进行描述，并自创出一些全新的作品。

## ⚔ 拼图

我们可以利用旧的圣诞贺卡制作出一些实用的桌面教学素材，这些贺卡的褶皱处已经用胶水粘牢。我们可以将这些贺卡剪成碎片，这种素材既适用于儿童的自我纠正，也可在我们对儿童进行测验时使用。这些贺卡剪裁的复杂程度和贺卡上图片的细节决定了这份教学材料的难度级别。如图 7-9 所示。

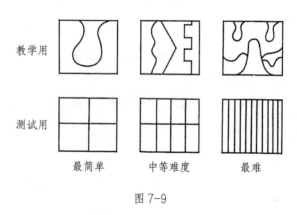

图 7-9

## ⚔ 配对卡的替代品

这种配对卡的替代品既可用于帮助儿童提高视觉辨别力，也可用来对他们辨别能力的发育程度进行测验。

在使用这些用于替代配对卡的材料时，大致可以分为以下五个阶段：

1. 颜色；

2. 形状；

3. 图片；

4. 图片和符号（文字）兼具；

5. 只有符号（文字和句子）。

此外，我们还可以对每个步骤再进行细分，从而得到更为精细的分级。

**1. 颜色**。在刚开始时只要求儿童能够识别颜色间的强烈对比差异就足够了，如红、蓝、黄、黑、白。随后，可以开始要求他们对色度和色调进行识别。此外，我们还会将颜色附着于物体和图片之上，如一个红色的球、一列蓝色的火车等。

可以使用多米诺骨牌、乐透卡、织物和线绳等材料，也可以使用正规的卡片。

**2. 形状**。要求儿童识别不同形状间的相似性，从差异度较大的形状入手，如：

（a）正方形、圆形、三角形、长方形、星形；

（b）逐步进阶到具有相似特征的形状；

（c）再过渡到对形状的轮廓进行识别，学会如何对不同轮廓进行配对；

（d）再次提高难度，要求他们将实心形状和对应的轮廓进行配对。

即先要区分为（b）和（c）两步，然后再将二者合并，实现（d）的目标。

**3. 图片。**在刚开始时，成对的图片会以轮廓明显且带有颜色的方式呈现在儿童面前。随后，这些涂鸦会逐步进阶到只有黑白两色的轮廓。

教师也可以使用市面上销售的多米诺骨牌和乐透卡，但与自己亲手制作的教学材料相比，这些市面上买来的材料会更为昂贵。如果需要购买这些市面上的材料，你可以翻阅一下商品名册或广告手册等。

数字卡——一种兼具文字和数字符号的卡片——是另外一种可以与图片在同一教学阶段使用的教学材料。

（a）图片和写在图片下方的文字或数字；

（b）图片＋文字，以及另外一张单独的卡片，上面写有相同文字或数字；

（c）只有图片＋单独的一张文字或数字卡片，卡片上可能写有用作数学符号的点或显示有其他图片。

**4. 图片和符号（文字）兼具。**同时利用示教图、拼贴画等工具。

**5. 只有符号（文字和句子）。**

（a）从句子到句子（必要时加上相应的图片，提供与文字含义相关的线索）。也可以从儿童已知的儿歌入手，之后再引入新的测验材料。

（b）句子＋单独的文字。

（c）只有文字。

我们要在很久之后才能开始教授儿童学习自然拼读。

（d）按音节切分的句子。

在儿童学会拼写后，我们也可以将单词切分为若干字母。

## 拼图

上述游戏是可以同时并用的，但要根据图片风格和切分方式间的差异区分为不同级别。

我们可以从少量切分后的碎片入手，将卡片切分成可以帮助儿童进行自我纠正的尺寸，然后逐渐增加碎片的数量并提高复杂程度，最终达到适用于成年人标准的拼图难度。

## 市面上售卖的材料

（a）仅有一块碎片能够填入插图的缺失部分（图片）；

（b）几何形状（通常会按尺寸大小分成不同难度级别）；

（c）形状的某些部分；

（d）材料的不同部分间环环相扣。

这些市面上售卖的材料价格都很昂贵，很多时候我们自己动手来做可能会便宜一些，具体方法可参见前面提到的例子。

在之前的章节中，笔者曾提出，儿童的阅读学习和数学概念的构建在早期阶段有着异曲同工之妙。显然，在我们将儿童参与的活动与他们面前的二维素材，以及这些素材的象征性表现物间建立关联时，他们其实早已借助实物及后来出现的微缩模型和范例，对这些物品进行了大量的配对、分类和分级。由教师提供的那些须知卡将随儿童需求的变化，逐渐被根据儿童口述由成年人制作的卡片所取代，最后还会被儿童自己亲手制作的卡片所替代。各类课堂活动可能都会用到文字，因此教师必须意识到应如何利用这些活动促进儿童在文字记录方面的进步。比如，当认识到儿童在前语期（preverbal conversation）的对话含义后，我们也就明白了在这一阶段既不需要对他们的对话进行讨论，也没必要记录下他们的对话。在早期阶段，心思敏锐的教师往往会在儿童尝试自己的想法，或进行探索和实验时，选择不去打扰他们。我们从儿童的脸上就能清楚地发现他们此时正专注于某事，思路一定不能被别人打断。在"家庭式"混龄编组和综合日间照料组织模式中，很容易就能营造这种兼具私密性和独立性的学习环境。当然，如果能够认识到个体自由的重要性，心思果决的老师也可以在传统课堂模式中营造出具备此类氛围的环境。在不同情况下，我们会有相应的场所适用于班级、小组和个人的学习和教学活动。成年人对儿童细致入微的观察，对他们学习活动持之以恒的记录，以及尝试不同教学方式的意愿，都会对儿童的差异化学习方式和身体发育速度起到保护作用。

## 小结

英语是一种不规则的语言，因此很多英语单词是无法通过语音进行分析的。很显然，我们无法仅仅依靠字母表中的 26 个字母，准确标识出英语的 40 种主要发音，所以很多英语单词我们只能借助视觉方式习得。

视读法的优点在于它对儿童的词汇量并未提出限制性要求，无论是消极词汇，还是积极词汇，儿童学会的所有单词都能借助这一方式呈现在他们面前。如果教师的教学技术足够娴熟，儿童也"做好了学习的准备工作"并"愿意接受相应的教导"，那么我们就可以通过为他们积累下几百个视觉词汇的方式，帮助他们建立起阅读时必备的信心。我们一定要在教学活动中强调词汇之间的异同，但更重要的是帮孩子弄清词汇相对应的含义，如下面这些不规则的单词——once（一次）、aisle（走廊）、gnat（小虫）、knight（骑士）、lamb（羔羊）、said（说）、who（谁）、two（两个），或发音不唯一的单词——read（阅读，/ri:d/ 或 /red/）、live（生活，/lɪv/ 或 /laɪv/）、either［任何一个，/ˈaɪðə(r)/ 或 /ˈi:ðə(r)/］，儿童往往需要用眼睛看才能学会。但如果是规则单词的话，他们却很快就能在单词的视觉相似性和语音相似性间建立联系，并在此基础上掌握相应的拼读技能，这是他们在独立处理未知单词时不可或缺的一项技能。

## 🎬 读本的选择

为了帮助大家更好地对读本进行评估，下面列出一些问题，供参考使用。

1. 阅读材料是否预设了特定的阅读教学**方法**？

2. 这是一份**分级**阅读方案吗？如果是：

（a）这份方案是按哪种类型进行分级的？是视读法还是**自然拼读法**，还是说这是一套基于不同教学方法构建起的平行读本？

（b）方案使用的词汇量范围是多大？

（c）方案中使用的字体是否会慢慢变小？

（d）方案中的插图是否按照视觉复杂程度进行分级？

（e）方案是否配有补充读本？

（f）方案是否配有练习册？

（g）方案是否配有其他教学器具？

（h）方案是否配有记录卡？

3. 如果读本采用的是**视读法**（全词法或句子法），所用单词与你教授儿童的消极和积极词汇是否相仿？方案中的新词引入节奏如何？

4. 如果读本采用的是**自然拼读法**，你是否认同方案中对发音的排序？需要儿童的听觉辨别力达到什么水平？

5. 如果方案使用了**颜色**或**可区分的**标记作为提示，需要儿童的视觉辨别力达到什么水平？要如何对他们的视觉辨别力水平进行评估？你的学生中是否存在色觉障碍患者？

6. 你是否理解并认同"定制化"阅读方案系列读本中所蕴含的理念？

7. 批判性地思考读本的**版式**、**版面设计**和**结构**，特别是和价格相关的问题，还包括封面的韧性、使用的是锁线订还是骑马订（如果是后一种，是否需要再用锁线加固一下？）、插图的质量及与文本的关联性、使用的字体及大小、字间距和行距是否利于阅读、纸张的质量和韧性、纸张和页边距的比例等。

8. 读本看起来是否具有吸引力？

（a）封面；

（b）书脊；

（c）大小、形状和重量是否便于儿童使用？

9. 故事内容是否引人入胜？

小提示：要考虑到不同读者所处的社会阶层和情感水平、兴趣发展阶段、当地的环境条件、家庭环境条件、词汇量（含消极和积极词汇）水平的差异性，以及他们是否具备能够认同现实或幻想故事所讲情形的阅历，是否对与故事相关的文化背景有概念，等等。

10. 读本或教学器具能否满足儿童的需要？能否借此激励他们进行其他阅读或书写活动？

最后，我认为对很多儿童来说，最好的读本就是由老师和（或）儿童亲手制作的读本。这些自制的读本，往往能够以"保证儿童既可以理解其内容，又能从中感到愉悦"的方式，记录下他们的经历、想法和发现。儿童制作读本的过程很可能会成为一次培养他们产生珍视书籍概念的经历，让他们知道在使用图书时要心存敬畏。因此，当我们试图开始教授儿童学习阅读时，一定要选好自己在教学活动中会使用的读本（特别要关注这些会出现在儿童面前的读本的**质量**），这当然是最重要的一项任务。

## 第八章

# 自然拼读
## Phonic methods

儿童会跟你讲："你知道 step hen 是什么意思吗？"[1]

## ⚔ 对英语拼写的困惑

萧伯纳在呼吁改革拼写法时，也举例说明了潜在读者（即儿童）所面临的问题。他以"ghoti"[2]为例，有些粗心的人会直接将这个单词读作"goatee"。这个词实际上是"fish"（鱼）的意思，借用了 cough 中字母组合 gh 的发音、women 中字母 o 的发音和 station 中字母组合 ti 的发音。那个问我 step hen 是什么意思的孩子，肯定已经掌握了眼球自左向右的正确阅读运动方式，也已经能将不同字母组合成自己认识的单词 step 和 hen 了，但仅仅具备这些能力显然还不够。当 ph 这个二合字母出现在"phonic"的开头部分时，他也许能很轻松地就将它认出来。但当这个二合字母出现在单词的中间部分时，他未必就能够认得出来了。如果我们学习"Stephen"这个词时采用的是视读法的话，这样做确实会简单很多，借助对这个单词自左向右的分析，我们很容易就能得出 step 和 hen 这两个单词。因此，有两点是我们在教授拼读分析时必须牢记的：

（a）英语中字母拼写和音值的不规则性；

（b）当自左向右的视觉分析无法帮助我们发现其他与

---

[1]  译者注：这是儿童对 Stephen 这一单词的错误切分。

[2]  译者注：这是 fish 音译的拼写方式，后文提到的 gh 发 /f/，o 发 /i/，ti 发 /ʃ/。

单词含义相关的线索时，那么最重要的线索则可能隐藏于上下文之中。这一点无疑能使我们再次意识到掌握大量词汇的价值所在：这些词汇量有助于促使我们对文字产生兴趣，建立起借助言语表达自身想法的信心，并能从他人的对话中获取相应含义。对许多儿童而言，他们在家中就可以轻松地掌握大量的词汇，他们的父母会跟他们交谈，会给他们讲故事，还会跟他们分享各类书籍中的见解（参见第七章）。

当通过拼写法（参见第十章）或字母表法教授儿童学习阅读时，我们有时会错误地将诸如 Keh-ah-teh=cat（显然事实上 cat 的发音并不是这样的！你自己试一试，当你快速读出 keh-ah-teh 时，你还是无法发出 cat 的正确读音）这样的做法称作自然拼读法。实际上，真正的自然拼读法需要先教授学生每个字母的单独发音，然后是像 ph、ch、th、cr、st、sh 等这些二合字母的发音，并将这些字母组合的发音融入单词中，最后才是教他们朗读句子。多数采用自然拼读法的阅读方案会将自然拼读与我们在预备阶段会用上的一些视觉练习结合在一起使用。

很多教师还会在教学过程中交替使用**自然拼读法**和**音标**，这也会让儿童产生困惑。人类在最初设计符号时，曾进行了多种尝试，出现过很多不同版本的符号，但这些符号无一例外地将各类语言的个性化发音剔除在外。我们很多人都非常喜欢那些夸张的语言，但这种语言使用技巧往往只会出现在像《皮格马利翁》（*Pygmalion*）或其电影版本《窈窕淑女》（*My Fair Lady*）这样的文学艺术作品中。发音词典中所使用的国际音标在很大程度上为我们提供了一种能够为大众所普遍接受的符号体系（就像音乐一样）。我们可以借助国际音标将方言的差异记录下来，也能使用国际音标将现在使用的发音和那些已消亡的语言中的不同发音记录下来。但总的来说，国际音标并不是一种阅读教学方法。

## 𝕐 字母表法

近些年来，确实有很多儿童借助字母表法（拼写法）成功学会了如何阅读。但是因为字母表法在死记硬背和练习方面的要求过于严苛，所以我们在教学活动中已经不再使用了。如今，被广为接受的一种观点是：当儿童所从事的活动对其自身而言富有意义，而且这些活动还很有趣，那他们的学习效果就能达到最佳状态。为了使儿童能在已有知识的基础上进一步学会全新的知识，我们必须严格限制在教学活动中用到的单词，在读本中出现的句子都应如下所示：

"The cat sat on the mat."
（猫卧在垫子上。）
"The pig in a wig danced a jig."
（这只戴着假发的猪在跳吉格舞 [1]。）

---

[1] 译者注：英国民间传统舞蹈之一。通常是单人即兴表演，伴奏的曲子欢快活泼，舞蹈则要求步法要快，身体其他部位保持不动。

我们要用这些句子编出有意思的故事，虽然这个任务并非绝对无法完成，但必定困难重重。比如说当我们分析"The cat sat on the mat."这句话后，很容易就能发现儿童在阅读这句话时需要具备区分

## c s m

这三条"曲线"的能力，但它们之间的差异真的很小。字母 c 是字母 s 的上半部分，而字母 m 则是由两个字母 c 的形状组成的，只需将两个字母 c 相连并转动 90°即可。我们在第五章中讲到了人类视觉辨别力相对其他能力而言发育较为缓慢，同样，人类对倒置和镜面图像的区分能力发育也一样迟缓。虽然看起来好像只要你能读懂"cat"，经过简单扩展就能学会如何读懂"sat"。但这种逻辑推论忽略了这样一个事实：作为人类，我们更易于发现事物间的明显差异，比如说我们很容易就能区分开"aeroplane"和"cat"，却很容易混淆"cat"和"sat"。同样，我们也需要仔细听才能准确发现"cat"和"sat"间的差异，却很容易就能听出来"aeroplane"和"cat"的差别。最后，相比"cats"和"mats"而言，"cat"（猫）和"aeroplane"（飞机）在含义方面的巨大差异，其实可以为我们在讲故事时提供更多种可能性，使我们的故事令孩子们更为兴奋！这一点当然也很重要。因此，如果我们能够根据儿童的兴趣和所处环境的差异，为他们匹配、构思更为适合的阅读方案，那我们也就能更有把握地激发他们学习阅读材料的积极性了。

以前，我们会按照教学成果支付教师的薪资，采用字母表法教授学生阅读也是从那时流行起来的。当时的议会对采用这种付薪方式的解释是：这种参照学生表现情况支付教师薪资的做法，其优势在于，如果教师无法胜任相应的教学任务，那么政府需要支付给他的薪水就很低。是**真的**很低！因此，迫于薪资压力，教师要尽可能地保证能有更多学生达到议会所要求的最低标准。在这样的背景下，当时的教学活动中才出现了背诵能力取代阅读文本能力的现象。与此同时，同一个班上能力更强的儿童也常常会在学习进度方面受制于能力最差的孩子。

这种机械化的教学方式最显著的后果，就是需要在教学活动中加入相应的惩戒措施，这样才能让学生始终保持积极的学习状态，因此教鞭就成为那个时代教师的必备装备之一。即便是像玛丽亚·埃奇沃思（Maria Edgeworth）[1] 这样开明的教师，也会认为在教授学生学习阅读时，将《圣经》和教鞭并用没有什么问题。棍棒和教育之间曾有着如此直接的关联，甚至大学生也要被迫接受公开惩罚。即便到了今天，也有很多人会对在"万不得已"时可以对儿童进行体罚这样的观点持支持态度。

不过幸运的是，如今绝大多数人已经认识到人类（包括儿童！）有着很多种不同的学习方式，因此我们需要（a）根据学生需求相应调整自己的教学方法，（b）尽力保证儿童能够在学习活动中取得成功。当我们在教学活动中发现某种教学方法虽然对一些孩子来说效果很不错，也很成功，但却无法引起另外

---

[1] 译者注：玛丽亚·埃奇沃思(1767—1849)，英裔爱尔兰教育学家、作家，因创作儿童故事和爱尔兰生活小说闻名于世。

一些孩子的任何反应时，就要尝试换用其他可行的教学方法了。当然，字母表法很可能也是一种可供教师替换使用的教学方法，能够适应某些特定学生的学习需求。

英国皇家出版局（H. M. S. O.）在 1959 年出版的《基础教育》（*Primary Education*）一书中曾表示：

我们总能从那些在以前看来效果还不错的各类教学方法中总结出一些值得学习的经验。多数幼儿教师会认同下面这一观点：就像我们在辨别物体时会借助外在的证据对自己的感觉进行复核一样，儿童也会借助各种辅助工具和方法进行阅读，有时可能会借助对文字的观察，有时可能会借助最开始的发音，有时可能会借助对语境的推测……对多数儿童来说，在学会一些声音组合，并了解到与之相关的限制条件后，他们便获得了一把可以打开阅读之门的钥匙，这将有效增强他们的信心，使他们做好独自应付陌生单词的准备，最终步入全新的学习阶段。

## 颜色暗示

在 1959 年后，社会上还相继出现了一些其他类型的教学方法，我们同样也应将其视作可以运用在教学活动中的方式。很多方法都曾试图解决英语中发音与拼写不规则这一问题，颜色标记法就是其中之一。1899 年，《戴尔读者》（*The Dale Readers*）在出版时就用上了一些彩色的字母：用红色表示元音，用黄色表示无声辅音，用蓝色表示清音，用黑色表示浊辅音，白霜色则用以警示读者注意此处有不规则情形或拼写难点。1962 年，C. 加泰尼奥（C. Gattegno）[1] 设计了一个阅读教学方案——《带颜色的单词》（*Words in Colour*）。他在这份方案中使用了 40 多种颜色，试图在儿童从手写体字母向印刷体字母转换的过程中，帮助他们读出正确的发音。1967 年，J.K. 琼斯（J. K. Jones）发明了另外一种工具，将红、蓝、绿三种颜色与不同形状（如圆形、正方形和矩形）相结合。在他设计的工具中会出现彩色的字母和彩色形状上的黑色字母。E. 布勒斯戴尔（E. Bleasdale）和 W. 布勒斯戴尔（W. Bleasdale）[2] 的《彩虹阅读》（*Reading by Rainbow*）一书同样利用颜色作为暗示，但建议儿童在书写时最好只使用黑色字体，从而避免出现转换的问题。如果我们认同它的说法，再想接受下面这个观点可就没那么容易了："先来尝试黑色字母的发音，如果没有产生与之相关的含义，那就换成红色字母的发音试试。"在笔者看来，这种做法会使儿童在颜色和发音的概念间产生混淆。

笔者反对利用颜色暗示单词含义的原因如下：

（a）颜色将分散儿童对单词整体形状的注意力，还会牵扯到大量的眼球运动。

（b）儿童需要首先学会辨别颜色暗示，然后还要再试着忘掉和弃用这种暗示。

（c）儿童在色觉缺陷方面的发病率很高，尤其是男孩。

---

[1]　译者注：C. 加泰尼奥（1911—1988），埃及数学教育家，以创新的数学、外语和阅读教学方法而著称。

[2]　译者注：E. 布勒斯戴尔、W. 布勒斯戴尔，英国小学教师，拥有丰富的儿童阅读教学经验。

有些方案还会运用到变音符号，从我们熟知的 mate 或 mat，到更为复杂的记号，变音符号有很多不同的种类。笔者对这种做法同样持反对态度，在应用过程中，其同样会遇到（a）和（b）这两类问题。

## 初级教学字母表

初级教学字母表符号

| 序号 | 符号 | 符号名称 | 范例 | 传统拼写方式 |
|---|---|---|---|---|
| 1 | æ | ae | ræt | rate |
| 2 | b | bee | big | big |
| 3 | c | kee | cat | cat |
| 4 | d | dee | ḍog | dog |
| 5 | ee | ee | seet | seat |
| 6 | f | ef | fill | fill |
| 7 | g | gae | gun | gun |
| 8 | h | hae | hat | hat |
| 9 | ie | ie | ieland | island |
| 10 | j | jae | jieant | giant |
| 11 | k | kae | kit | kit |
| 12 | l | el | lamp | lamp |
| 13 | m | em | man | man |
| 14 | n | en | net | net |
| 15 | œ | o | bœt | boat |
| 16 | p | pee | pig | pig |
| 17 | r | rae | run | run |
| 18 | s | ess | sad | sad |
| 19 | t | tee | tap | tap |
| 20 | ue | u | fue | few |
| 21 | v | vee | van | van |
| 22 | w | wae | will | will |
| 23 | y | i-ae | yell | yell |
| 24 | z | zed, zee | fizz | fizz |
| 25 | ʒ | ʒess | houseʒ | houses |
| 26 | wh | whae | when | when |
| 27 | ch | chae | chick | chick |
| 28 | th | ith | thaut | thought |

| 序号 | 符号 | 符号名称 | 范例 | 传统拼写方式 |
|------|------|----------|------|--------------|
| 29 | ſh | thee | ſhe | the |
| 30 | ſh | ish | ſheperd | shepherd |
| 31 | ʒ | zhee | judʒ | judge |
| 32 | ŋ | ing | siŋ | sing |
| 33 | ɑ | ah | fɑr | far |
| 34 | au | a | aut | ought |
| 35 | a | at | appl | apple |
| 36 | e | et | egg | egg |
| 37 | i | it | dip | dip |
| 38 | o | ot | hot | hot |
| 39 | u | ut | ugly | ugly |
| 40 | ω | oot | bωk | book |
| 41 | ω | oo | mωn | moon |
| 42 | ou | ow | bou | bough |
| 43 | ɔi | oi | tɔi | toy |

笔者坚信这样一种说法，在儿童能够流利阅读前，我们不应对他们开展正式的拼写教学（这个时间大约会出现在以视读法入门的儿童转用自然拼读法学习时）。基于这样的学习节奏，我们可以期待儿童能够自由地进行书写活动，不会因成年人对正确拼写的过度强调而受到限制。

1961 年，i.t.a. 成为伦敦大学教育学院阅读研究部主持开展的一项重大研究课题。但该课题因缺乏资金，于 1967 年不得不告一段落。很多机构都曾对这套符号系统进行过对比研究，英国学校委员会于 1969 年还公布了沃伯顿和薇拉·索斯盖特两位教授的调查结果。显然，我们很难将这一方法本身的价值与因其拥护者的热情而产生的霍桑效应区分开。

i.t.a. 在教学活动中获得认可经历了一个逐步深化的过程，从刚开始只有某些地区的地方教育机构（如奥尔德姆）对这一工具有所认同，到逐渐被广泛应用于补救性教学，或其他区域的儿童教学活动之中。许多出版商都会销售 i.t.a. 版本的阅读方案和适用于小朋友的读本。我们在大多数公共图书馆也能找到 i.t.a. 版本的阅读材料。就教师而言，他们对 i.t.a. 的态度要么坚决支持，要么坚决反对。此外，费用问题也是争论的焦点之一。总的来说，沃伯顿和薇拉·索斯盖特的评估结论对 i.t.a. 还是持支持态度的。即便如此，很多人仍然认为在无条件认同这一方法的效用之前，我们还需要对阅读早期阶段开展更多更为深入的研究。但方法**本身**并非解决学生学习问题的答案，教师还要能为学生提供优质的教学活动，这一点毫无疑问，永远都是正确的。詹姆斯爵士表示：i.t.a. 既适用于视读法，也适用于自然拼读，无须对教学方法进行调整。反对 i.t.a. 的人认为，尽管已有大量证据表明在使用 i.t.a. 后，有些孩子确实能够以更快的速度学会阅读，而当我们利用 T.O. 教学时，他们的阅读能力要想达到同等水平，所需时间则要稍长，但对于儿童来说，从 i.t.a. 向 T.O. 的转换过程远比 i.t.a. 支持者所说的要困难得多。i.t.a. 现已广泛应用于针对成年人和儿童的补救性训练，在以英语为第二语言的海外阅读教学实践中也取得了一些成绩。

作为一种能够帮助儿童将书面符号破解为声音，并赋予这些符号以相应含义的工具而言，上面提到的这些成绩其实已经足够了。那些分级阅读方案建议教师采用自然拼读法，或先使用视读法，后换用自然拼读法进行教学活动，其配套的教师手册会对课堂教学流程给出一些建议，这些建议对教师而言往往极具指导意义。有些手册还会在阅读准备情况的评估方面为教师提供相应帮助，我们无疑会优先选用这些方案提供的素材，以适应学生的不同学习需求。很多我们在之前章节中提到的游戏和教学器具同样适合在训练儿童的听觉和视觉辨别力时使用。

显然，帮助儿童形成灵敏且准确的听觉，掌握精确的措辞及发音，对他们来说极为重要。

## ☈ 听觉辨别力

拉穆勒（Lamoureux）和李（Lee）在《通过经验学习阅读》（*Learning to Read through Experience*）中写道：

如果儿童听不清楚，我们就不能期待他能在正确印刷的符号与正确的发音间建立关联。如果他尚未形成留心听单词发音间细微差别的习惯，them 和 then 的发音对他而言没什么区别，也无法区分 am、an 和 and 之间的异同，那他很可能也无法正确读出这些单词。我们必须首先确定他是具备相应听觉能力的，此外还要通过训练使他学会应该如何听出这些发音间的细微差别。

因此，有些教师会认为自然拼读法不适合在语言资源匮乏的地区推广。首先，在这里长大的孩子很少能够准确地表达自己的想法。其次，他们通常也无法长时间地专注于某件事，但这种专注能力又是仔细听和模仿发音间细微差别时所不可或缺的，比如说发现并模仿出 thing 和 think 之间的细微差别。不过，有些教师也发现我们可以借助手持镜子，或以让儿童与教师一起对着大镜子并排站立的方式，唤起他们对于做出正确口型和舌唇动作的兴趣。此外，我们还会遇到一个问题：儿童往往难以对比区分自己的发音和他人的发音。这主要是因为我们自己的发音有很大一部分会经由面部骨骼传递到我们的耳朵中，比如说小朋友以为自己发出的是"three"的音，但实际上发出的却是"free"或"thwee"的音。他们还会激烈地为自己辩解，坚信自己的发音**是正确的**！有时候，如果我们让儿童在听声音时闭上眼睛，会有助于他们更好地识别声音。即便是年龄尚小的儿童，也会对录音机发出的声音做出反应。因此，教师在录制教学磁带时可以在念出单词或句子后留出一些空白时间，让学生试着复述自己听到的内容。在我们重复播放这些录音时，他们有时既能从中发现自己的错误，还能自行对这些错误进行纠正。现在，市面上还出现了很多全新的机器设备，它们可以自动发出与视觉符号相对应的声音，我们要学会用好这些机器。语言大师（The Language Master）这款产品可以根据抽认卡的内容，"念出"对应的单词发音，而且还能在卡片自右向左移动时，自动按照自左向右的顺序念出单词的发音。但这个机器存在的问题是我们必须连接耳机使用，否则机器发出的声音会分散其他儿童的注意力。售价数百英镑的声控打字机（Talking Typewriter）应该是这些产品中最先进的了，它可以在你输入字母时直接"念出"对应的发音。此外，还有很多其他教学设备也在儿童阅读教育领域做出了巨大贡献，比如那些用于儿童自我纠正的机器，它们会通过彩灯闪烁的方式，对学生给出的正确答案或错误答案做出提示，旨在借此提高儿童的学习积极性。这些机器多数都很昂贵，很少有学校能够负担得起这笔支出，很多老师还会认为，只有在补救教学时，这些机器才会派上用场。但实际上，一个富有想象力的老师，加上一台录音机，也许再外带一套可供多人同时使用的听力设备，往往能够使我们以最低的时间和资金成本，制作出丰富的语音教学材料。

## Ⅺ 自然拼读训练的早期阶段（参见第六章）

无心听者耳最聋！

儿童会通过模仿有意义的声音学习说话，所以教师的第一要务就是为学生设计出一些语言情境，让他们发现倾听是一件富有意义且值得去做的事情。这个阶段的学习活动，适合重复练习，选择那些参与感强的故事、儿歌和歌曲往往效果不错。此后，儿童在听到这些故事、儿歌和歌曲时所做出的机敏反应和极为夸张的表情，都可以证明他们正**满怀期待地**倾听着外界的声音。同时，儿童的这些表现也证明他们确实理解了自己听到的声音。他们的言语记忆能力将在这一阶段不断提高，乐于参与到这些故事情景之中。上述表现无一例外，都在向我们表明：这种体验对儿童的成长发育极富价值。反过来讲，帮助他们学会**拒绝**参与到故事情景之中同样也很重要。当故事中有意思的文字或诗句逐一消失不见，我们对韵词的简单重复就会变为针对儿童自控力和倾听能力的训练。

### 自然拼读游戏

围绕字母发音（注意不是字母的名称）的"我来猜"（I Spy）游戏一直深受儿童喜爱，他们在游戏中出现的错误往往会有助于儿童听力和理解力的发育。随着儿童听力水平的不断提高，游戏中出现的字母发音可以相继出现在词尾、中间部分和词首。如果教师能够提前准备好一份字母清单，就能保证孩子按照难度进阶顺序，练习一系列的字母和二合字母。教师手册常常会给教师提供自然拼读发音列表，但总体来说我们尚未对相关练习顺序形成明确的约定。多数儿童会对自己的名字，以及朋友和宠物的名字比较感兴趣。此外，我们还可以在教学活动中引入一些小实验，这种做法也能帮助我们制定出一份符合学生需求的练习清单。

我们还可以用磁带录下某些声音，然后让儿童通过听录音进行猜测，比如说我们可以录下儿童自己发出的声音，然后让他们的朋友进行复述或猜测。此外，我们也可以在教学活动中用上绕口令、谜语、童谣、专注力游戏（Kim's game）[1] 和抽认卡等，这些都是儿童感兴趣的游戏。我在前文中曾提到，"找不同"这项练习有助于儿童视觉辨别力的发育。在对儿童的听觉辨别力进行训练时，我们也可以准备一些类似"找不同"这样的游戏，如要求儿童在"make、bake、bat、cake"或"top、tip、mop、pop"组合中挑出不一样的单词。一旦儿童能够自己编谜题了，我们一定要鼓励他们自行创作，并要将他们在这一过程中出现的错误记录下来，以供我们未来对他们进行直接教学时使用。

**小提示：**在参与纸牌配对游戏、宾果游戏、拼图、分类游戏等活动时，我们实际上既能借助脑海中的**声音**完成，也可以借助**视觉**刺激的方式进行。

在儿童具备了相应的专注力后，我们一定要让他们逐一学会每个字母，可以先从字母在单词中的发音入手，之后是字母本身的读音。通常来讲，我们最好从教授浊辅音入手，如字母 b。我

---

[1]　译者注：我们需要为此准备一个托盘、几件物品和一块布。先让儿童看一遍托盘上摆放的物品，然后用布把物品盖上，同时悄悄拿走其中一件。随后把布掀开，问孩子哪件物体不见了。此游戏有助于提高儿童词汇量。

们还要避免在此阶段的教学中出现二合字母，如 br、bl 等。如果手边有写着这些字母的大号抽认卡，那我们可以在儿童玩猜谜游戏时用上它们。教师先摆出一张 b ，然后摸下 ball（球）、book（书）、basket（篮子）等物品，之后，由儿童对上述行为进行重复。这种方式可以帮助儿童在看到的符号和对应的发音之间建立起关联。随着儿童有关发音知识积累的不断丰富，我们可以开始将大写字母加入练习中。刚开始的时候，我们要将大小写字母放在一起展示，比如 Bb 。然后再将它们分开展示，如 B 和 b 。

　　配对游戏可以对上述练习起到巩固作用，无论待配对的两边都是符号，还是需要儿童将声音和符号搭配到一起，这两种类型的配对游戏能够产生的效果都是一样的。在这一阶段，我们要保证儿童尽可能多地提前学会第一册读本中会出现的单词。写在墙上的故事、写着儿歌的纸片、自制的读本和图表，这些材料都能帮助儿童建立起阅读的信心，使他们可以在脱离上下文的情况下识别出单词。某些单词会出现在深受儿童喜爱的故事中，写有这些单词的抽认卡对我们的教学来说极具实用价值。有些老师很善于编故事，那就可以让儿童每人拿上一张单词卡，当老师讲的故事用到某个孩子拿着的单词时，他就要站起来把自己手中的卡片展示出来。我们在刚开始的时候可能需要强调一下这个单词，儿童才能意识到是自己手中的单词卡，有时甚至可能还要特意看一眼拿着这张单词卡的孩子才行。各种常见的抽认卡游戏都可以按照这样的方式进行。

### 小结

　　我们的目的是让儿童能够理解纸面上的标记（即字母，以及后来的单词）是具有特定发音的，而且这个发音始终如一，不会改变。因此，我们在刚开始进行教学时要从规则的发音和单词入手。

## 🎗 自然拼读训练的中期阶段

在儿童已经掌握了足够的词汇量后，他们就可以开始阅读某套丛书的第一册了。与此同时，我们也为他们准备了相应的家庭自制墙面故事和读本，这些材料可以帮助我们将儿童引入书籍的海洋。借助上面这些材料，我们肯定能够成功激发出儿童对于符号和相关情景的兴趣。通常来说，我们会借助那些与符号相关的故事来实现上述目标，有些故事其实很适合由儿童改编成戏剧进行表演。我们这样做的目的在于：保证儿童阅读第一册读本的过程是愉快的，而且要让他们尽可能少地出现错误。因此，我们要保证他们在准备阶段能够感到很轻松，从而使他们对"阅读"形成良好的第一印象，帮助他们更好地建立自信和乐观的心态，以积极应对下一阶段的阅读学习！许多教师认为应该让儿童经常重复阅读、牢牢记住某个他们特别喜欢的故事，借此帮助他们建立起对于阅读活动的信心，感受到阅读带来的愉悦感。

在儿童完全掌握了自己阅读的第一册书后，我们就可以对他们进行更进一步的自然拼读教学和更详尽的词汇分析了。同时，他们也要开始学习第二册书会用到的单词。很多教师会将必要的自然拼读教学和练习作为独立的教学活动，与阅读教学完全割裂。不过在他们听到儿童读书时，还是会进行与自然拼读相关的各种练习。在这个阶段，我们通常会教授儿童一些含有五个元音的短组合，以及使用了这些元音且规则的三字母单词。同时，我们也会要求儿童在这一阶段进行一些自然拼读书写练习，比如借助拼读转盘、拼读梯、拼读遮板和拼读转轴等工具的书写练习（参见本章结尾），以及其他相关的配对游戏。

## 浏览和整合

强调词首字母的另外一个好处，就是培养了我们在看到单词时会自左向右进行浏览的习惯。为鼓励儿童细致关注单词的每个字母，我们可以用一张卡片遮住单词，慢慢移动卡片逐个露出字母，并给学生留有充足的时间，观察每个露出来的字母，这个方法在教学活动中非常实用。在儿童学习二合字母、字母组合和／或音节时，我们也可以使用同样的方法。当他们掌握了浏览和识别字母的技巧后，我们就要试着将发音融入练习中，从而帮助他们学会完整的单词，这也就是我们所谓的整合，既可能涉及某个单词，也可能是一组字母。对部分儿童来说，他们在学习这项技能时会比较吃力。笔者认为，这种现象的出现也许与他们发育尚不成熟的视觉辨别力息息相关。因此，在这种情况下，笔者建议教师适当推迟相应的教学活动，待儿童相关能力发育成熟后再对他们的整合技巧进行训练，或者也可以改用视读法进行教学。

如何才能以最佳方式整合 b、a、t 三个字母（即 bat），学界目前主要存在两个流派：其一认为应该把字母组合 ba 作为一个语音整体，然后将字母 t 加进去。其二则认为应该先发出字母 b 的发音，然后将字母组合 at 加进去。笔者支持前者：首先，这种方式可以在单词中出现元音时对发音进行延展；其次，这种方式还能促使儿童更多地关注单词，而非单独的字母，即让他们一眼就能够看到更多的内容。同时，我们也会开发出相应的自然拼读教学器具，比如在下面这个例子（如图8-1所示）中，我们就会选用其中的某件教学器具辅助自然拼读教学活动。

图 8-1

儿童要在这个阶段快速学会规则的三字母单词。虽然儿童是借助发音学会这些单词的，但这些单词往往会自然而然地转变为他们的视觉词汇。根据儿童不同的兴趣点和能力水平，拼字游戏、拼图和其他的配对、拼搭游戏都有可能成为非常实用的练习素材，有些直接进行的拼写教学甚至也勉强可行。如今，很多儿童都具备了学习前缀和后缀的能力，而且也愿意去学习这些知识，比如 wh、sh、th 和 ing、tion 这样的前后缀。有些孩子还会痴迷于对长词进行分析，如将 caterpillar 拆分成能独立发声的音节 cat-er-pill-ar。反过来看，我们也要避免让儿童死记硬背某些字母。这些字母虽然能够独立发声，但却无法借助整合形成具有含义的单词。笔者曾在补救性教学活动中碰到过很多深陷独立字母发音困境的孩子，他们习惯于按照逐个字母的方式识别单词，因此无法从中提炼出单词的含义（也就无法获得相应的满足感）。如果我们在教学活动中再加上字母的名字，那情况可能就更糟了，比如将"it"分解为 eye-tee，或将"once"分解为 oh-en-see-ee，甚至按发音将 there 分解为 teh-heh-eh，对 therefore、ǎpple、āim 等单词也照此方式进行分解。

## Ⅳ 自然拼读训练的最后阶段

这一阶段的自然拼读训练与拼写教学密切相关，重点关注如何发现哪些替代发音是借助元音呈现的。同时，我们还要帮助儿童对不规则的单词进行整理，这也是本阶段很重要的一项任务。教师最好能将这些不规则的单词作为一个整体，带领儿童进行学习。在这些不规则的单词中出现的规则字母组合往往有助于揭晓单词的含义。同时，我们还要注意：不要过早地要求儿童进行默读。要在他们的视觉辨别力已发育完善，且内部言语能力足以使他们对声音进行**思考**后，再开始相应的默读练习。如果某个单词属于某人的消极词汇，那他可能需要发声读出来才能认出这个单词。我们的记忆只会被熟悉的单词唤醒。因此，我们一定要鼓励儿童多动脑猜测，还要接受他们对某些单词进行合乎逻辑的替换。如果儿童在填补语义时使用了"错误的"单词，这实际上意味着他们正在思考，期待能使眼前的文字材料讲得通。快速且有悟性的阅读能力很大程度上取决于我们的预判能力，这需要我们从小就有针对性地对儿童进行培养。通常而言，借助审慎的提问，我们很容易就能让学生再读一遍材料，使他们通过上下文或效率稍低的出声朗读，找到可以"正确"填补语义的单词。

## 自左向右的眼球运动

一般来说，自然拼读训练的顺序应着重强调自左向右的眼球运动，突出对可靠对象的观察，弱化对不可靠对象的关注。儿童往往乐于找到那些自己能够轻松应付的单词，而且他们在反复哼唱某些毫无意义的内容时还会感到很开心，如"The lamb and the gnat saw a knight on an elep-hant!"（小羊和蚊子看到一个骑在大象上的骑士！）。有些人认为儿童对于拼写或阅读某个特定单词的**意愿**，可以促使他们产生更强的学习动力。而像从规则到不规则、从单字母到双字母或三字母组合这样合乎逻辑的学习进展，它们能够产生的动力就要弱一些。有时，儿童收集物品的本能行为也会促使他们疯狂地爱上单词表。我认识的一位老师刚开始只是制作了两份海报和物品清单，一张以字母 d 为索引，一张以字母 b 为索引。这个方法很快便风靡全校，长长的走廊两旁贴满了各种各样的图片和物品集锦清单，很多还是由学生父母提供的。

有个孩子的父母曾痴迷于填字游戏，他的孩子便也因此产生了用自己掌握的单词填补书中空白的想法。另外一个孩子带了一张地图到学校里，他仔细抄下了地图上所有的地名，并借助各种细微差别对这些地名进行配对和分类。（柱形图和文氏图 [1] 在这方面都是很实用的技巧。）这些活动所兼具的趣味性不禁使我想到了现代诗，这些诗文所选用的单词往往会押头韵或中韵，而不是遵循传统的方式押尾韵。

---

[1]　译者注：文氏图是在所谓的集合论数学分支中，在不太严格的意义下用以表示集合（或类）的一种草图，用于展示不同事物群组（集合）之间的数学或逻辑联系，尤其适合用来表示集合（或类）之间的"大致关系"。

## 教学器具和活动

一些众所周知的活动，比如：

1.打着拍子给名字配对。

Jenny（詹妮）和 Ann（安）、Benjamin（本杰明）和 Christopher（克里斯托夫）；

或 Pansy（三色堇）和 Rose（玫瑰花）、Daffodil（水仙花）和 Marigold（金盏花）。

2.给物品或名字配对。

（a）词首字母：book、pin、ball、spoon、hat。

（b）词尾字母：bat、pin、ball、spoon、hat。

（c）中间字母：book、pin、ball、spoon、hat。

显然，（b）和（c）要更难一些。

3."找不同"游戏。刚开始组织这项游戏时可以使用实体物品，之后可以换用图片和 / 或物品的名称。

4.多米诺骨牌。刚开始的时候可以使用图片，之后可以换用物品的名称和名称的某些部分。

5.大小写配对。

6.拼词游戏［特别是混合词（blends）］[1]。

7.配对游戏。

（a）完整的单词和单词的某些部分；

（b）单词和与之对应的复数形式，规则单词如 cat 和 cats，不规则单词如 mouse 和 mice。

---

[1] 译者注：混合词是指从两个单词中各取一部分混合在一起而产生的新词，如 brunch（早午餐）=breakfast（早餐）+lunch（午餐）。

8. 挂在墙面上和个性化的图解词典:

（a）根据儿童兴趣制作；

（b）根据物品间的关联性分类制作；

（c）根据字母排序制作；

（d）根据二合字母制作。

9. 拼读转盘、拼读梯和拼读遮板，如图 8-2 所示。

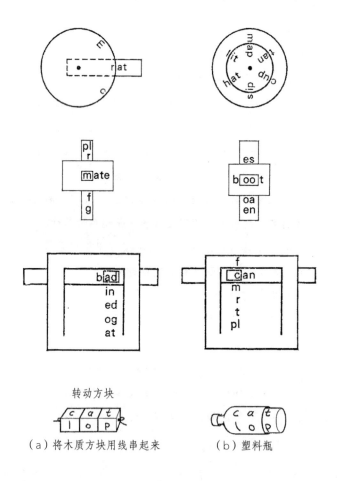

图 8-2

10. 绘制单词图 [1]，如图 8-3 所示。

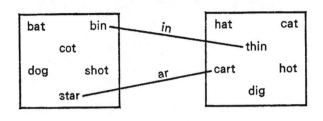

图 8-3

11. **拼写**与词头、词尾和词中相关的游戏：

（a）增加字母。
a
at
bat
bats or battles, etc.

（b）合成新的单词。

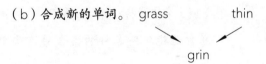

（c）切分单词。
carrot　　carpet
car rot　　car pet

（d）寻宝游戏，找到下列单词中的 ar，并用下画线标出。

st<u>ar</u>　st<u>ar</u>ling　he<u>ar</u>t　st<u>ar</u>e　c<u>ar</u>t　ap<u>ar</u>t

---

[1] 译者注：准备两张写有若干关联单词的卡片，用直线将具有相同特点的单词连在一起，并在线上写出两个单词的共同点。如 bin 和 thin 的共同点是都有字母组合 in。

**12. 集合关系游戏：**

（a）圈出下列单词中带有"da"的一组单词。

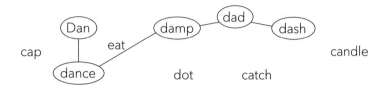

（b）

| mend | pan | catch |
|------|--------|-------|
| sat | lot | man |
| mad | cattle | late |
| spend | cot | bed |
| bat | met | match |
| bend | cat | dash |

（ⅰ）圈出表中带有"at"的单词；

（ⅱ）你还能按照怎样的集合对这些单词进行
分组？

（c）押韵。

（d）在音节中、胶版印刷品或废书中画掉某些字母或
二合字母。

13. **画画**。画出符合下列要求的物品：

（a）名字以下列字母或字母组合开头的物品：

　　　c、cr、cl 等

（b）名字以下列字母或字母组合结尾的物品：

　　　s、sh、rk 等

（c）名字中间含有字母 a、e、i、o、u 的物品：

　　　ar、ea、an 等

14. **词族**。词首、词尾或中间相同的单词：

| | | | |
|---|---|---|---|
| bat | church | bat | boot |
| bird | chop | cat | moon |
| brown | charm | sat | wood |
| back | chick | flat | loom |
| black | chest | chat | door |

**小提示**：单词排列方式应突出其相似之处（参见第十章）。


**小提示**：要注意区分教学（自我纠正）活动和测验之间的差异。需要由教师对游戏结果进行核验，或者也可以由"家庭式"混龄编组中能力更为突出的儿童进行检查。


## 字母表

在以往的教学实践中，我们会将字母表作为学习阅读的入门工具教授给儿童。如果教师没有在学生入学后及时教会他们字母表，很多父母还会因此对教师提出批评，并深感不安。我们常常会发现儿童在进入校园时就已经能够背诵字母表和从 1 到 10（甚至更多）的数字了。从父母会因此对儿童给予称赞的角度来看，这的确是件"好事"。但考虑到儿童在掌握这串声音时并未赋予其相应的含义，可能会导致他们在分离语音和赋义时遇到更多困难，这可能又是件"坏事"。大家对下面这种感受肯定非常熟悉：当我们对某些单词过于熟悉时，常常会不自然地就讲出来了，想要仔细**思考下**自己究竟在说什么，那将是一件无比困难的事。笔者曾听到过这样一个例子：一位年轻的教师本想说的是饭前祷告，结果开口就念起了主祷文！我们多数人都了解"持续言语"（perseveration）[1] 的麻烦之处，那些烦人的诗文、引文或调子总会不受控制地回荡在我们的脑海中。这个问题使我们在无须回顾先前部分的前提下马上就选出自己需要的那段内容变成了一件极为困难的事，比如我们往往需要从 $1×7$ 背到 $6×7$，才能得出 $7×7$ 的答案是 49。

如今，在许多学校的教学活动中，教师都在逐渐试着将字母表视作一个实用的参考框架，在对字母的教学过程中更加注重字母间的相互关系，而非只是单纯的一串声音而已。通过对字母图解词典、单词表、索引和参考书的运用，教师可以帮助儿童学会与字母相关的应用知识和字母的排列顺序，并以此为基础建立起字母表的概念。随着儿童年龄的增长，他们还将学会如何使用字典和其他参考书。这样的学习顺序似乎要比让他们在理解字母的重要性前就死记硬背更为合理（参见第十章拼写游戏相关内容）。

---

[1] 译者注：持续言语是一种思维活动形式障碍。患者单调地重复某一概念，或对于某些不同的问题总是用第一次回答的话来回答，思维联想在某一概念上停滞不前。

## 第九章

# 书 写
## Writing

笔下的流利凭技艺不凭偶然，

只有学过舞蹈的舞姿才飘逸。

感恩仁慈的力量曾教导人类，

永恒的映像得以留存于脑海。

野兽传情而音美的小鸟啼鸣，

在初春时节与彼此唱和啁啾。

我们凡人多亏有了笔和刊志，

信仰和一切才得以存在于世。[1]

——摘自亚历山大·蒲柏（Alexander Pope）[2]《论批评》
（*An Essay on Criticism*）

## 🏹 笔迹与内容的区别

　　上面这几行诗句并未将人类的书写技能、对图形的控制和书写的内容完全区分开。实际上，人类要在具备了单词遴选能力后，才能对它们做出区分。如果说上面提到的这三点都是特定的技能，那后面我们要讲到的这种能力则代表着人类在交流方面的一种尝试。文字（或印刷品）应当清晰易读，我们对此几乎完全认同。但当涉及对文字（或印刷品）更高层次的要求，如作家是否应该能够阐明胸臆、措辞优美，或是撰写出成功的广告等问题时，大众却始终无法达成一致意见。从另一方面讲，

---

[1]　作者注：这些诗句曾于19世纪用作学生的字帖练习。

[2]　译者注：亚历山大·蒲柏（1688—1744），18世纪英国诗人、启蒙主义者，著有《论批评》《人论》等。

我们还会在特定情况下对文字的清晰易读性进行探讨，如：道路标识的设计（应该让人们能在高速移动及不同天气情况下读懂），或纪念碑、公共建筑、商标、霓虹灯上的文字，或旨在产生象征性关联的文字（我打算将数字也包含在这个类别中）。举个例子，我曾见过一辆售卖炸鱼和薯条的面包车，车身上出现的小鱼涂鸦用于表示它所售卖的第一种食物（即炸鱼），炸薯条的图片则用来表示第二种食物（即薯条）！涂鸦和图片代表了不同的单词，但我想车上画的这个"&"符号，大概不会是用来表示盐或醋的吧。[1]

在很早以前，社会中会写字的人非常稀少，因此抄写员往往备受人们敬重，只有那些有钱有势的人才雇得起他们。即便时至今日，在某些文化环境中，我们仍然需要这些会写字的抄写员帮别人代写书信。宗教团体很早就发现了这样一个事实：阅读和书写能力会引发普通人心生额外的敬意。因此，在长达几个世纪的时间内，阅读和书写技能都更多地掌握在神职人员手中，有时数学也会成为他们的专属能力。在中世纪，多数宗教场所都会印制图书，虽然这些宗教场所中的抄写员都有着非常娴熟的誊写技能，但他们在抄写的文字中出现的一些错误足以证明很多抄写员其实是读不懂自己所写的内容的。这与18世纪普遍存在的一个情形别无二致：富人当时使用的瓷质餐具都会先在法国制作好，然后再运往东方进行装饰。有一次，因为在制作时缺少了某种颜色，一位法国设计师就在瓷器上画了一个箭头指向餐具上的某处纹章，并做出了相应的文字说明："这

---

[1] 译者注：作者在这里想强调的是，涂鸦、图片和"&"（即 and，和）并不是同一类型的符号。炸鱼和薯条是英国路边日常贩售的食物，常见的书写为"Fish & Chips"。

里应该是红色的。"没过多久，当这批瓷器在东方完成装饰被运回法国后，人们发现每件餐具的纹章上都出现了一个箭头和这段文字说明！现在，我们总觉得书写者理所应当能读懂自己写下的字，以至于偶尔会忽略下面这一事实：书写是一项多么复杂的技能啊！

必须有人教授我们如何写字，我们才能学会相应的书写技能。而想要在学习书写时既高效又经济，我们就必须具备相应的学习动力。只有当我们处于某种"蓄势待发"的学习状态时，才能免受过度压力的烦扰，顺利地开展学习活动。教师必须学会如何辨别和评估学生在这方面的准备情况。此外，与阅读准备阶段同理，被动等待学生做好书写学习准备的方式当然不可取。毫无疑问，如果我们将阅读和书写这两项技能完全割裂，那儿童在学习时则会遇到更多困难。这种做法的问题在于：为了顺利完成书写和拼写任务，学生必须能够认出每个字母，并形成自左向右的固定阅读顺序。而在熟练的阅读行为中，我们却很少会将自己的注意力聚焦于单个字母。实际上，各种形式的视觉刺激都可以成为读者的阅读线索。如果我们在阅读时既要聚焦于每个字母，还要关注二合字母，此外还要对发音进行整合，那就根本不可能实现快速默读和有感情朗读的目标。

## ﾘ 渴望书写

与学习阅读时的情况相似，我们在学习书写的过程中，最有力的学习动机就是**渴望**进行书写。这种意愿的产生，与领悟到具备书写能力的好处，以及能够理解书面符号、文字和数字符号的价值息息相关。儿童常常会通过模仿游戏向成年人展示出他们对书写的欲望，比如他们会拿出一些涂鸦，将其描述为信件、邀请函、书籍等。此外，他们还常常会"写"些东西，或"教授"自己的玩具和朋友应该如何写字，就像他们会给玩具和同伴进行所谓的"朗读"一样。在早期阶段，很多孩子在成长过程中所获得的自豪感往往都来自这些所谓的"成就感"。在我女儿三岁半时，当爸爸对哥哥的数学作业表现出兴趣时，她会因此愤愤不平，并讲道："我也在做算术呢，我在数点点。"在说出这句话时，她正比着一便士的硬币在纸上画圆圈，并给它们涂上颜色，她还会在每个圈圈下面涂写一通，用于表示她"数"到的数字。她完全没有意识到自己的涂鸦和哥哥所写的数字在重要性方面存在差异。

## 涂鸦

很多儿童的涂鸦行为都会经历如图 9-1 所示的发展过程，这可能是由人类大脑的成熟发育顺序决定的。格罗辛格（Grözinger）[1] 在《涂鸦、书写和绘画》（*Scribbling, Writing and Painting*）一书中对这个问题做出了精彩的描述，但不幸的是这本书已经绝版了。双手并用能力与涂鸦也存在着密切关联，我们却很少会关注到这一能力对儿童的重要性。如今，越来越多的教师会给学生提供一些书写练习材料，他们需要双手并用

---

[1] 译者注：沃尔夫冈·格罗辛格（Wolfgang Grözinger，1902—1965），德国作家、小说家、文学评论家和艺术教育家。

才能完成。这些能够在书写时双手并用的学生，往往会以饱满的学习热情和高涨的兴趣应对他们需要完成的涂鸦练习。中世纪的手工艺行会曾要求会员要能灵巧地并用双手，这一点鲜为人知。这些行会的学徒每隔几天就要被迫交换双手使用工具。在我们了解到这一情况后，就能更容易地理解为何即便在古建筑偏僻的角落或缝隙中，我们也能看到如此精美的雕刻品了。此外，为了能够保证高标准出产雕刻品，这些行会还设有另外一项惩戒措施：他们会对那些在人工光源下工作的匠人施以重罚。在后面探讨惯用手问题时，我们还会再提到这一点。

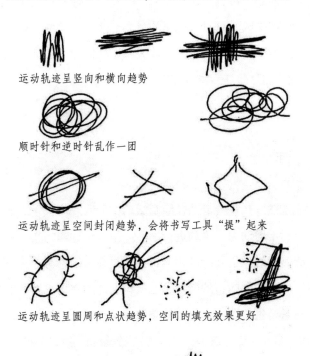

运动轨迹呈竖向和横向趋势

顺时针和逆时针乱作一团

运动轨迹呈空间封闭趋势，会将书写工具"提"起来

运动轨迹呈圆周和点状趋势，空间的填充效果更好

之后运动轨迹会呈现出行进趋势

图 9-1　典型的涂鸦顺序

儿童的书写准备状态同样也取决于他们的身体发育状况。我们要在具备精细的肌肉控制能力后，才能持握钢笔或铅笔。但这种能力的习得需要遵循特定的生长发育顺序，无法提前学习。良好的书写能力还会受到儿童坐姿的影响，有些坐姿不会对他们的眼睛造成压迫，有些则会使他们产生额外的疲劳感。此外，其他有待评估的儿童身体发育状况还包括：眼球构造是否发育完善、视觉辨别力的习得程度、是否存在其他身体缺陷、实际年龄与智力发育水平等。除此之外，学生的情感发育程度也会影响他们的注意力和专注力，以及他们在应对未知情况、面对成功或失败情景时表现出的信心。最后，学生的总体语言水平对学习书写来讲同样意义重大，如他们的词汇量（包括消极和积极词汇）、言语能力和对文字的喜爱程度等。

## ⅠⅤ 绘画

很显然，儿童会借助在绘画活动中所收获的快乐，自然形成相应的学习动力，主动进行书写。但这一过程的实现有赖于儿童能够接触到必要的学习素材，见过他人的书写行为，并能理解他们这样做的**目的**所在。在所有上述条件均已具备的情况下，儿童产生想要做些什么的想法其实是很正常的现象。实际上，他们自发做出的这种书写行为，也就是我们所讲的模仿行为。如果他们的这些尝试可以得到成年人的认可（即获得成功），儿童立刻就会明白这些行为相应的含义，并会倍感愉悦，不断重复尝试这些行为。随着时间的推移，儿童对某些实用知识有了更加深入的理解，他们进行书写的积极性也会不断得到强化，从而逐步建立起书写行为与包括阅读在内的其他活动间的关联，并借助父母、老师、哥哥姐姐和同龄人所提供的范例，或是通过别人读给自己听或自己翻阅书本的方式寻求帮助，了解到更多的信息，他们还会渴望交流和分享自己的发现。无一例外，这些情况最终都会达到强化儿童书写积极性的效果。此外，精心布置的课堂环境或家庭中的刺激环境，如自然桌（nature tables）[1]、色彩展示等，房间中的标签，夹子和物品上的名字，墙面上的故事和图片说明，以及成年人对儿童涂鸦的重视程度，同样会有效提高儿童对书写行为的兴趣。儿童**意识到**声音是可以出现在纸上的（反之亦然，即纸上的标记也能代表声音，且具有相应的含义）那一刻有着里程碑式的意义，可能会给儿童的生长发育带来飞跃式的进步。玛丽亚·蒙台梭利博士将这一现象称之为"书写爆发期"（an explosion into writing）。

随着儿童书写能力的不断精进，他们开始觉察到形状间的细微差异同样很重要，比如 **Ɛ** 和 **Ɜ** 就是不一样的。在日常生活中，某个形状在空间中的位置变化通常不会引发含义上的变化，因此儿童往往很难理解上面提到的这种差异的重要性。无论桌面上盘子的装饰图案朝向哪个方向，我们都会认为盘子是件有用的东西。或以儿童在更早阶段的某种体验为例，当妈妈从婴儿车的任何方向弯下身时，宝宝都能学会应该如何认出她的面庞。我们都曾见到过这样的情况：婴幼儿很喜欢从自己的双腿

---

[1]　译者注：蒙台梭利自然桌多为木质，上面会放置从大自然中收集来的物品。

间观察世界，有时也会以倒立或头顶地的姿势观察周围环境。婴幼儿的平躺、爬行，以及早期不规范的走路姿势会使他们看到不一样的世界，因此他们对成年人头部尺寸的认识一定存在严重的失真情况。我曾看过一本书，书中的插图完全是根据小狗的视角创作的。我不禁惊讶地意识到：这不就是小宝宝的视线高度吗！他们只能看到桌子的下面，看不到桌子的上面，或会发现成年人有着偌大的脚掌和腿部，脑袋和戴在头上的帽子却很小。难怪在试穿父母的衣服，或试着钻进洋娃娃的房间时，他们会感到如此兴奋、惊讶！

## ⚡ 字母形状的分析

为了进行书写，儿童必须学会如何才能塑造出字母。通过对印刷体字母和数字的结构分析，人们发现某些特定运笔动作的使用频率会比其他运笔动作更高。如图 9-2 所示。

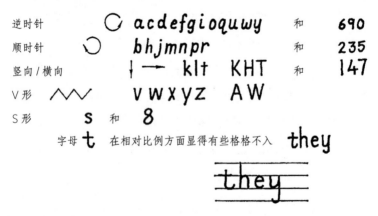

图 9-2

图案是字母形成的一条自然途径，马里恩·理查森（Marion Richardson）[1] 是这一研究领域的先驱。小朋友大多很喜欢有节奏感和重复的声音。即便是身为成年人的我们，也很难抗拒如下这些行为的诱惑：拿根棍子沿着栅栏敲击出有节奏的声音，或在避免改变步速的情况下尽量踩到脚下的每块铺路石，或使自己的步伐跟上音乐的节奏。如果儿童能够有机会使用不同的颜色进行书写，并能接触到各种各样不同的文字传播媒介，那对他们来说，早期阶段对手部控制的训练就不会那么枯燥无聊了。

## 促进手眼协调能力发展的材料

丰富多样的材料会对儿童的敏感性，以及他们手部的精细动作起到刺激作用，从而有助于提高他们的手眼协调能力。我们可以快速罗列有此助益效果的材料：

手指画颜料、泥浆（流体黏土）、颜料、彩色墨水

手指、羽毛、树枝、刷子、海绵

粉笔、蜡笔、水彩笔、铅笔、钢笔

湿沙子、干沙子、水、肥皂泡沫

黏土、橡皮泥、面团、糨糊、石膏

黑板、纸、石板、玻璃、法布伦（fablon）[2]、托盘

---

[1]　译者注：马里恩·理查森（1892—1946），英国艺术教师，儿童艺术教育事业先驱。

[2]　译者注：法布伦，一种塑料黏性带状材料。

描图纸、印花纹面、蜂蜡和棕蜡、图案和人头牌[1]、临摹拓本

烟斗通条、金属线、包有塑料外皮的花线和线缆、发卡、细绳、制作地毯用的羊毛、绳子、火柴、马赛克砖、砂纸字母板、用模板印制的文字或图案、剪下的图样、镜子，也许还有其他更多的材料

很多自然形成的表面也会使儿童产生标记、勾画和切刻的意愿，诸如雾蒙蒙的窗玻璃和镜子（布满灰尘的车身就更不必提了！）似乎总会令我们无法抗拒。在不具备相应的水汽条件时，唾沫也是个不错的替代品！他们会花上好几个小时在外面用水画画，还会因水汽"魔术"般地蒸发而展开探讨。仿制大理石的过程（需要利用漂浮在水面上的油性颜料）——在水面上轻轻地放上一张纸，然后将水中设计好的图案提取出来，这样的实验可以有效提高儿童双手的敏感性和控制力。但到最后，就只有"真正"属于成年人的书写活动才能让他们心满意足了。

## 🏴 教师对准备状态的评估

对教师而言，他们永恒的责任就是帮助学生不断取得成功，建立起自信心，并发现努力学习的价值所在。有时，教师可以通过精准匹配学生的能力水平来实现这一目标。但通常情况下，

---

[1] 译者注：人头牌，指纸牌中的 J、Q 和 K。

我们会从学生力所能及的学习任务入手，通过对他们的鼓励和在教室中营造出温馨、宽容的氛围，让学生明白我们会在这里以同情之心回应他们的失败，并使他们坚信"没关系，你很快就会取得成功的！"。在这样的学习环境中，儿童会自行设定学习目标，不断挑战自我。教师要观察儿童在自由玩耍时的动作、平衡感和协调能力（并把类似的情况记录下来！）。此外，我们还要观察他们在体育课上使用大大小小的教学器具，以及操作刀、叉、剪刀和解、扣衣扣的过程，这将有助于教师准确评估儿童的书写学习准备情况，判断他们是否能够持握小号的书写工具（如铅笔）。当儿童用手抓着刷子和大号粉笔时，他们也会感到很高兴。对这些孩子来说，喷有亚光涂层且经擦拭后能够不留痕的墙面和黑板是不可或缺的教学器具，这样他们就能够拥有足够的空间做出一些大动作了。有时，教师还要帮助父母意识到"教育要趁早"这一教育理念不仅会使儿童感到焦虑和紧张，还可能会降低他们的学习积极性，使他们在很长一段时间中对书写行为表现出抗拒情绪。帮助儿童重建信心的过程总会难于对他们本能学习意愿利用的过程，也会比延续他们的自然成长经历要更加困难。儿童在书写入门阶段的学习效率有时会比较低，但这往往意味着他们在后面会以更高的效率取得飞速的进步。屏住呼吸、颈部肌肉紧绷、揉眼睛、坐立不安、应激易怒等等，这些迹象通常表明儿童正处于紧张状态，是在警示我们：儿童当前所处状态或正在进行的活动已经超出了他们的能力范围。

# ⚔ 动力和疲劳

我们一定要避免儿童在身体、思维和情感方面感受到压力。在他们坐着写字时，我们必须考虑到椅子的高度和用于书写的桌面间的高度差。在儿童书写时，较低的座椅高度更适合于倾斜的桌面，而较高的座椅则必须搭配平放的桌面。此外，座椅的高度还要与儿童的腿长相匹配。因此在教室中只提供统一高度桌椅的做法是极不切合实际的。很多儿童在刚开始写字时往往更喜欢跪着或站着写，有些孩子却在蹲着时写出的字更漂亮，这主要是因为我们骨盆带中骨头的重量会使我们感觉这个姿势很自然，也很舒服。此外，儿童书写时使用的桌面还要保持较好的稳定性。当我们先用金属夹将纸张固定在硬板上，然后再在纸上写字时，或许会看到截然不同的书写效果。

儿童在思维方面的疲劳感往往更加难于判断，而且还会与情感疲劳密切相关。当儿童的兴趣明明不在这里，我们还硬要他们完成一些任务（这些任务可能与他们的想法毫无关联，还超出了他们的理解能力，周期也过于漫长）或要求过高时，就会使他们产生自己是迫于压力才这样做的感觉。我们一定要保证儿童能够清楚地认识到需要进行书写的原因，最好还能借助他们正在从事的活动让他们参透其中的道理。比如说，他们很快就能明白为什么要把仓鼠能吃的食物写在纸上，因为这样一来它就不会因为吃错东西而肚子疼了！但他们可能对书写"今天是星期一。多云"或"玛丽看到了一辆红色的公交车"这样的内容不太感兴趣。因此，教师要时刻保持警觉，要向学生解释清楚书写行为的好处。她应该这样表达："我会自己写下来，然后就能记得要给你买些小扣子了。""请把这张纸条送到厨房，这样厨师就会借给我们一些葡萄干了。""这是一封给你妈妈的信，信上问了你能不能去动物园。""这张卡片上写着薄荷膏的配方。""那是你的画，因为我在上面写了你的名字，所以我知道是你的。"在家里，父母也可以通过唤起儿童对购物单、感谢信、标签、门票、邀请函等文字材料的关注，帮助孩子们学习书写。

## 书写教学的技巧

　　人类的书写行为源于对记录、分享和制作物品的需求。儿童往往需要花费一段时间才能渐渐意识到，当具备了阅读和书写能力后，也就意味着他们能够跨越时空壁垒了。如果我们在儿童刚开始学习书写时就有意减少不常见字体的出现频次，这对他们的书写学习将大有裨益。我们自己在写字时所呈现的字体风格也要尽可能与儿童在校园中见到的字体保持一致。不过幸运的是，很多儿童读物现在会使用粗体的 ɑ 和 g，而不是细体的 a 和 g。老师们很早就发现运用范例进行教学的效果要优于说教，所以他们总会以高水平的范例展示和优秀字体的呈现为荣。他们提供给学生用于描摹和誊写的范例往往都是自己精心书写的，从而可以在形状和大小尺寸方面符合儿童在使用书写工具进行书写时呈现的特点。父母在这方面其实也能帮上些忙，他们可以找出教师在书写字母和数字时表现出的字体特点，记下来并在自己写字时也照此书写。这样一来，儿童就不会因类似4和 *4*、3和 *3*、7和 *7*、 *ℬ*和 **B**，BARBARA、Barbara和 *Barbara* 这些具有相同含义的不同符号而感到困惑了。此外，过早教授儿童与字间距和标点符号相关的知识也会使他们产生困惑。有些教师还会试图借用横格纸来加快学生形成对线条规律性的认识。更有甚者，还希望能够借此让学生理解"个头高的字母一定要顶到上下两条线"这样的字母书写规则。这种尝试的成功比例，往往不尽如人意，比如，它很可能会导致学生出现如图 9-3 所示的情况：

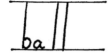   或

即按照顺时针⟲
或逆时针⟳方向反复描摹

图 9-3

我还碰到过有些学校会要求学生在每两个单词间留出一个手指宽度的间隙！当然，我们这样做的目的是希望使儿童写出的字迹看起来更加舒服、清晰，比例匀称。在我们将这些字迹放在大小合适的纸上时，它们看起来能显得很自然，我想从目的性上来讲，这样做无可非议。成年人可以自行调整书写字体的大小，以适应不同情景对字体的需求，也知道应该如何选择合适的书写工具，如蘸水笔适用于书写教堂的售卖广告，粗尖笔适合在大幅纸张上写字，圆珠笔或硬铅笔则更适合在设计图或描红纸上使用。但在儿童刚开始学习书写的几个月内，他们是学不到这些知识的。当儿童意识到为何**要**在单词间留有空隙后（即便于阅读），他们很快就能学会应该如何规划单词的位置。不过他们通常只有在处理短语或句子时突然想起了单词的概念，然后才会产生需要规划这些单词位置的意识。此时，儿童的双手往往更易于跟上思想的步伐，知道应该在单词间留下一些空隙。

教师的另一项重要职责就是为学生制定切合实际的学习标准。当一名成年人在起草一封重要信函时，例如一封唁函或求职申请，如果他直接选择从誊稿入手的话，那他还真是"艺高人胆大"。我们多数人往往会先准备好一份草稿，然后进行修改和订正，有时甚至还会征求一下朋友的意见。在上述这些任务全部完成后，我们才会进入最终的技术环节，即在纸上誊写下来。要求儿童既要具备相应的创造力和创新力，同时还要留心观察最优秀的字迹，正确的拼写、标点和布局，并能挑选出最适合的书写工具和纸张，这样的学习要求肯定是不太切合实际的。在儿童进行抄写和誊写时，上面提到的这些要求也许还有实现的可能性，但在儿童教学活动中过早地坚持这样严苛的标准，只会抑制他们的自我表现，使他们出现所用词汇贫乏的问题，即只使用那些他确信**能够**拼对的单词。这种焦虑会使儿童的情绪始终处于紧绷状态，从而弱化他们的书写能力。

对学生而言，照着黑板或墙面上的内容进行抄写会让他们倍感疲惫。如果教师在黑板上用的是白色的粉笔，而学生写字时使用的是铅笔或墨水笔，则出现在黑板上和纸面上的视觉图像还会存在正 / 负像即黑白相反的问题。无论在哪种教学情境中，教师要求学生进行的练习都要能持续吸引他们的注意力。如果教师决定要训练学生书写某个短语，也许就是"With best wishes for Christmas"（祝圣诞快乐），最好先在卡片上写一遍，然后将这张写好的卡片放在学生练习写字的纸上，让学生对照临摹，每写完一行就让学生将卡片向下移动一行，将之前写的内容盖上。通过这种方式，学生每次描摹的都是卡片上写好的范例，而不是以自己之前写的内容作为参考，他们也无须在练习中调用自己的视觉记忆能力。在儿童使用抄写本进行书写练习时，最明智的做法是让他们从每页的最后一行开始写，然后是相邻的上面一行，以此类推。借助这样的方式，我们可以使儿童的注意力始终集中在范例上，而不是自己所写的内容上。毋庸赘言，像"快一点儿！""注意点儿！"这样的警告其实很少能改善学生的练习效果，这样做只会分散学生对手头正在从事活动的注意力，而且还可能会使他们的肌肉始终处于紧绷状态。

在教师具备相应经验后，他们很容易就能借助儿童的绘画和书写作品，判断出他在写写画画时是否感到轻松自在。儿童的焦虑迹象会通过他们写字时在纸上的用力程度、重复出现的字母在形状和用力方面的均等性、线条的流畅感、书写质量的劣化程度、反复书写某些字母的倾向性等状态而有所体现。其他明显会导致儿童产生疲劳感的情况还包括：光线不足、通风不良、空间拥挤，以及将左利手儿童安排在右利手儿童的右边，而没有让左利手的儿童坐在左侧无人的桌角，这样他的左手在活动时就会受到限制。此外，还包括在写字时选用了不合适的工具（如平桌面还是斜桌面，以及不同的书写工具），或单次书写的时间过长，等等。

## 学习书写的几个阶段

对多数儿童而言，学习书写大体可以分为以下几个阶段：

（a）书写仅是随机产生的自发性运动；

（b）注意到书写后在纸面或其他媒介上画出了某个符号；

（c）有意重复之前的书写行为，即验证是否还会再次产生同样的结果；

（d）重复之前的书写行为，即出于练习的目的；

（e）有意识的书写行为；

（f）借助不同工具和色彩进行书写，发现书写行为额外的可能性；

（g）将书写产生的符号设计成某个明确的形状，也许会是线状或点状；

（h）进行涂鸦；

（i）在自主控制下反复进行涂鸦；

（j）有时，他们会为这一阶段的涂鸦作品命名，如“给圣诞老人的信”；

（k）有意识且出于模仿目的的涂鸦行为，也许会以“行进趋势”呈现，如图 9-4 所示；

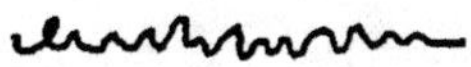

图 9-4

（l）通过书写行为领悟交流的意义；

（m）渴望写出的符号能够更加得体；

（n）掌握描摹技能；

（o）掌握抄写技能；

（p）掌握独立的字母结构；

> 小提示：在从（k）到（p）的发展过程中，我们必须保证儿童能够有机会接触到相应的学习材料，维持好他们相对稳定的情绪，使他们想要继续坚持练习下去。儿童在这一阶段的生长发育极易受到外界影响，任何来自家庭或学校的压力很快就会导致学生出现退步，并使他们因为害怕失败而想要回避需要写字的情况。

（q）具备对文字准确性进行评估的能力，知道它是"正确的"还是"错误的"，即配对能力；

（r）自我批判能力得到提升；

（s）产生学习不同字体的意愿；

（t）具备自主选择书写字体标准的能力，即选用较为随意（casual）的字体，还是最正式（best）的字体。

小提示：书写能力往往会先于阅读能力而存在（从历史上看，这一推论没什么问题）。

## 🅇 人类学习使用符号进行书写的发展顺序

受限于本书的篇幅，我们就不再回顾文字的发展脉络了。其实我们在第三章已经谈到了符号解读的问题，以及儿童创作象征性人物画像的发展顺序。我们很容易就能发现字母其实是从具象符号发展而来的。幸运的是，我们使用的英语在记录言语时采用的是语音方式，而不是像中文一样采用图像化的方式。中文里的每个汉字其实都源于某个象形图案。[1] 有些雕刻或绘制的图案会出现在世界各地，有关这些图案重要性的争论在考古学界愈演愈烈：它们究竟是供娱乐使用的，还是存在某些宗教意义，或从一开始就是用于传递某种思想的？我们都知道法国王储曾把网球作为礼物送给亨利五世，这是在有意羞辱亨利五世。[2] 但有些人可能并不知道斯基泰人还曾送给大流士国王一只鸟、一只老鼠、一只青蛙和五支箭。大流士国王当然深知斯基泰人想借此表达的含义，即"波斯人，你能像鸟一样飞翔吗？能像老鼠一样躲在地下吗？能像青蛙一样在草丛中跳跃吗？如果不能，那就不要与我们开战。否则我们将用弓箭制服你们。"儿童往往很喜欢这样的故事，而且很快就会借此发现书写其实是一种更简单、更精确的信息呈现方式。

人类曾使用符木或绳结作为助记符号。图片故事［（picture stories）现代连环漫画并未出现消亡的迹象］和分析性写作（analytic writing）分别源于苏美尔的楔形文字和中国的象形文

---

[1] 编者注：汉字是由象形文字发展而来的表意文字，但并非如作者所说"每个汉字其实都源于某个象形图案"。此处作者的描述只是强调了汉字作为表意文字与英语的区别。

[2] 译者注：亨利五世（1386—1422），亨利四世之子，1413 年即位，英格兰兰开斯特王朝第二位国王，是继爱德华三世之后第二位对英法百年战争发挥重要作用的君主，打败并重创法国且成为法国王位继承人。据传法国王储曾派使臣送给即位之初的亨利五世一箱网球，意在讽刺他只配打打网球消磨时光，根本没有资格向强大的法国宣战。

字。迄今为止，字母表仍是拼音文字最先进的表现形式。随着拼音文字中小写字母的出现而形成的草写字体，极大地提高了我们的书写速度。如今，我们还发明了打字机和速记法，但这似乎又使我们重新回到了起点：在写字时还要配有现代化的抄写员，即速记打字员。盲文又是另外一种速记方式，它会凭借触觉而非视觉方式实现交流的目的。莫尔斯电码是一种既可以借助视觉符号，也可以借助听觉符号传递信息的符号体系。在此之后，我们对事物的记录行为也发生了从具象到抽象的转变。

人类的身体大致会按照从头到脚、由内向外的顺序发育。我们对总体肌肉运动的控制力又为精细肌肉运动的发育提供了可能性。此外，脑电图仪的发明及科学家对人类大脑发育的研究也大大丰富了我们对大脑功能的认识。教育活动的目的之一，不就是将生理意义上的人脑经训练后转变为具备心智的人脑吗？我们在探索环境时能够用上的身体部位越多，与之对应的大脑皮层区域面积就会越大（参见第六章中的皮层小人图）。皮层小人图向我们生动阐释了身体不同部位在学习活动中的相对重要性。

## 🏃 惯用手

我们一直对人类机体的一个特性非常感兴趣，即惯用手问题。我们多数人都是右利手，总的来说，社会也因此形成了适合右利手生存的大环境。我们与礼貌相关的道德标准通常源于存在这样做的必要性，比如说男士向女士伸出左臂，这样可以让他用剑的右臂处于自由状态，从而起到保护女性的作用。此外，男士还会走在人行道的外侧，这样可以保护女士免受泥浆飞溅等伤害。童子军之所以会用左手和女导游握手，是因为这样做会显得与众不同。握手这一行为其实源于用手臂搂抱的动作，人们旨在借此证明二人的深厚友谊，因为在做这个动作时，两个人都是赤手空拳的。在某些文化情景中，人们认为左利手象征着不虔诚，或认为这个人受到了魔鬼的影响。当然这也许并非左利手出现的真正原因，但在这样的说法出现后不久，人们就开始强迫左利手的儿童改用右手写字。显然，如果你习惯于自左向右进行书写的话，使用右手写字更有利于避免写好的字迹被手蹭脏。很久以前，人们还不了解惯用手和大脑构成间的关联。如今，一些医学界人士希望能够通过模式理疗的方式，将大脑发育不完善的孩子的身体姿态调整为婴儿正常爬行或匍匐的姿势，使其大脑得到相应的生长发育。可喜的是，医生的这些尝试已经取得了一些令人欣慰的进展。这些医生还表示：双手并用同样可以使儿童大脑得到均衡的发育，从而避免出现由某侧大脑主导儿童行为的情况和强势惯用手的问题。显然，如果儿童已经在用手习惯方面形成了较强的偏好性，这时我们再强迫他使用自己不熟练的手进行书写，就显得过于鲁莽了。儿童因此产生的紧张感和挫败感很可能会导致他们出现情绪紊乱，而错误的言语发展也许就是这一问题的一大表征。

各种需要儿童亲手操作的活动往往有助于他们精细肌肉控制力和协调能力的发育，但对于四肢笨拙、动作不灵活的学生来说，他们可能需要进行大量的粗大运动（gross motor movement）训练。**只有**经过这样的训练，他们的上述状况才能得以改善。我们往往不愿让这些在行动方面有问题的学生去分发牛奶、颜料或小工具，担心他们会把东西洒出来。但这种做法同时剥夺了他们学会如何才能**不**把东西洒出来的机会。当他们已经把东西洒出来了，于我们而言，最重要的就是要对他们表达出相应的同情，并让他们多加练习！在儿童刚刚步入校园时，教师会为他们提供一些能够同时使用双手进行练习的机会。通过对学生的双手使用方式进行比较，教师很快就能找到他们的惯用手。你自己也可以试试这个小实验。请拿出两支圆珠笔或铅笔，每只手拿一支，然后自然呼气，在吸气时，用两只手在纸上画出相同的形状。通过比较左手和右手所画图形，你可以很明显地发现自己哪只手更为强健有力、受控能力更佳，比如可能会出现如图 9-5 所示的结果。

图 9-5

其他情况示例（图 9-6）：

由外向内的顺序

顺时针顺序

由外向内
的顺序

逆时针顺序

顺时针和逆时针相结合的顺序

图 9-6

## 🐦 书写模式（参见本章"涂鸦"小节相关图示）

在给儿童布置模仿练习任务时，要求他们按照正确的笔画顺序进行书写当然很重要。比如在书写字母 O 时，如果我们的起笔位置在 1 点钟方向，则应按照逆时针方向进行书写。这种笔画顺序可以使儿童很自然地掌握草写字体的写法，无须重新再学一遍新的写法。同理，在我们书写字母 g 的时候，一定要先逆时针完成字母上部的环形，然后再来写下面的小尾巴。很多儿童可以借助先讲出某个字母的形状，然后闭上眼睛写出来的方式获益。以 a、d、g 三个字母为例：在书写字母 a 的时候，他的嘴里同时会讲到"先画个圆，然后从上到下画一笔"。在他提到"从上到下画一笔"时，往往会伴有轻微的音调变化，但节奏还是很稳定的。

在他书写字母 d 的时候，"先画个圆"这句话跟前面写字母 a 时的说法一样，但在讲到"从上"时他会着重进行强调，语速也会变慢，而在"到下画一笔"时，他说话的语气则会比较中性。在他书写字母 g 的时候，"先画个圆"和"从上"这部分内容的说法和书写字母 a 时并无二致，但在画小尾巴的时候，他会对"到下画一笔"这句话进行强调。

他们在书写字母 r、n、m 和 h 时显然也会遵循类似的顺序。

除非我们能够保证儿童可以按照线性顺序逐一学会大小写字母，否则将这二者放在一起要求学生学习可能并不是个明智的安排。字母 S 和 s 或字母 B 和 b 还算是比较合理的两对大小写字母，但字母 D 和 d 看起来就正好相反，字母 D 貌似和 B 搭配起来更合适。有些教师还发现我们其实可以利用字母形状来讲故事，从而激发儿童的学习积极性，如图 9-7 所示。

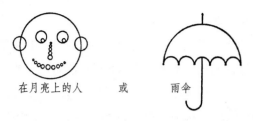

在月亮上的人　或　雨伞

～～～～这些圆形隆起可以用作对字母 m 的练习

图 9-7

儿童很喜欢自创图案，这也有助于他们了解字母的结构（如图 9-8 所示）。

图 9-8　有助于儿童了解字母结构的图案

显然，出于对比竞争的目的，在墙面上展示儿童的书写作品，这种做法极不可取，对学生来讲太不公平了。我们绝不会让腿有残疾的孩子与腿部肌肉、骨骼发育正常的孩子去赛跑！儿童的协调能力很大程度上属于神经发育方面的问题，往往会超出自身意念的控制能力。虽然有机会练习书写确实可以为儿童协调能力的发育创造可能性，但对失败的恐惧可能也会导致儿童有意回避这些练习书写的机会。不过，根据我的经验，至少下面这种记录学生进步的方式效果还是不错的：我们可以模仿挂历的样式，将儿童后来的书写习作贴在以前习作的上面，通过这种方式制作一本挂历模样的范例集。儿童偶尔会写写画画，后来可能还会写上几行字。随着时间的推移，他们会建立起自我批判意识，只将那些能够体现出自己书写能力有所进步的习作贴到范例集上。通过翻阅范例集中的习作，儿童可以看到自己的进步，父母和教师也能从中感受到儿童所取得的进步。这种模式的对比竞争往往效果很不错，也就是要求儿童与自己的努力相竞争。只要儿童能够付出足够多的努力，并持续关注自己的练习效果，他们的书写能力就一定会得到提高。但这样的做法有时也会出现过犹不及的问题，即儿童因此产生了焦虑、紧张和压抑等不良情绪。

## 🏃 阅读障碍和书写困难

对有些孩子来说，他们在学习时还需要克服下面两种不利条件：阅读障碍和书写困难。我们对阅读障碍有着很多种不同的定义，但简单来说，阅读障碍就是因身体缺陷导致患者无法理解文字产生的视觉刺激，有些人也会将这种障碍称为失读症（word-blindness）。对患有阅读障碍的儿童来说，这段学习经历会让他们倍感沮丧，因为他们无论多努力，都无法理解自己看到的符号，始终无法获得阅读文字的能力。某些患有阅读障碍的儿童在阅读文字时，他们的眼睛会朝正常阅读顺序（阅读英语时就是自左向右的顺序）相反的方向运动，比如他们在浏览 Stephen 这个单词时，就会将它"看成""petShen"或"nehStep"。

布里斯托地方教育机构的教育心理学家诺曼 · 西姆斯（Norman Sims）说："通过儿童在模仿抄写上面这些形状时表现出的能力水平，我们往往可以判断出他们在手部操控力和感知力方面的发育程度，比如学龄前儿童就很少能够画出前三个示例以外的形状。"如图 9-9 所示。

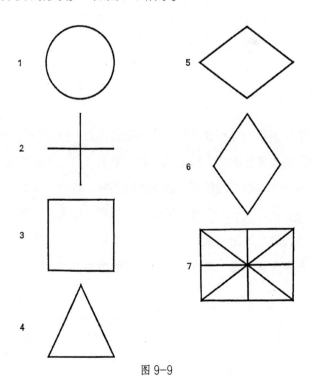

图 9-9

同样，儿童在刚开始书写字母时，常常会把字母 Ɛ 写作 3，有时还会将字母 d 写作字母 p 或 b。以前，还有一名阅读障碍症状很严重的患者习惯在书写时双手并用。他会使用右手自左向右书写正确的字母形状，同时使用左手自右向左书写镜像的字母形状。如果他生活在古希腊时期，一定会成为班上的佼佼者，因为古希腊人就是这样写字的。这种字体风格被称为牛耕式转行书写法（boustrophedon），如图 9-10 所示。

THIS IS WRITTEN BOUS[1]
TROPHEDON AND IS NO
T EASY FOR MOST PEOPL
E TO READ AT SIGHT

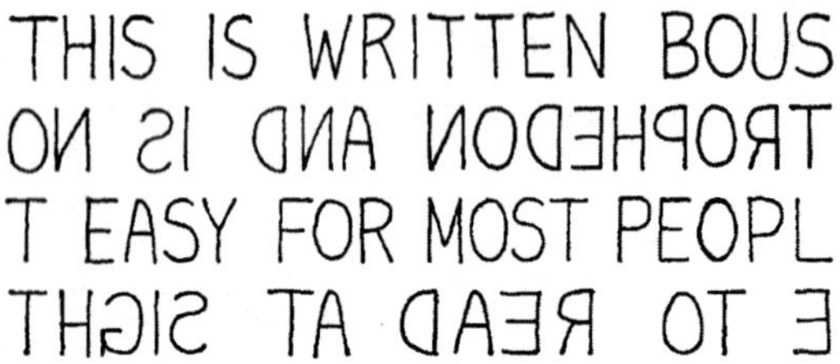

图 9-10

书写困难同样也会使儿童感到无能为力，因为他们无法画出自己想要表达的线条和形状。教师要面对的挑战则是他们很难快速对儿童所犯的错误做出准确的判断：有些儿童在写字时犯的错也许仅仅是一个普通的错误，他们只要花上些时间，并勤加练习就能改正过来；对于那些阅读障碍或书写困难症状较轻的儿童来说，他们通常可以在教师的鼓励下，经过一段时间

---

[1] 译者注：正确的写法是"THIS IS WRITTEN BOUSTROPHEDON AND IS NOT EASY FOR MOST PEOPLE TO READ AT SIGHT"。大意为：这段文字是按照牛耕式转行书写法撰写的，多数人很难通过视觉方式阅读这样的文字。

的练习便能克服这些障碍，这一点毋庸赘言；而对那些症状较为严重的儿童而言，我们就真的需要求助于专家的诊断了，并要对他们施以补救性教学。此外，最重要的一点是：所有与患儿相关的成年人都要清楚地认识到，他确实**无法**在阅读和书写方面做得更好了，我们不能再因他在阅读或书写时出现错误而去惩罚他，反而应该尽力为他加油打气。当这些患儿眼睁睁地看着自己的朋友勇往直前，不断在学习上取得新的进步，却不知道自己如何才能做些力所能及的事情时，显然会感到羞耻与沮丧。不过，我曾遇到过一个阅读障碍症状非常严重的孩子，差不多 10 岁左右，他几乎在一夜之间就学会了阅读。我们始终无法解释他究竟是如何将自己看到的内容成功地转换为正确的单词和字母的，毕竟他那天"看到"的内容和前一天相比并没有什么不同。这个例子表明：实际上，我们大脑发育的成熟度对阅读和书写能力有着非常重要的影响。因此，教师和父母要记住：这些有阅读障碍和书写困难的儿童多年以来始终没有机会进行这方面的练习，也没有体验过成功所带来的快感，这种缺失是无法快速得以弥补的。当然，其能够被弥补的前提是我们想要给予这些儿童相应的补偿。对他们来说，无法习得拼写和书写的能力才是真正的问题所在。此外，在很长一段时间里，他们的阅读速度也会维持在较低水平。对这些儿童来说，上述问题在他们参加考试时会表现得**尤为明显**。至于那些在**校园**和**日常生活**中需要阅读和书写的内容，他们还是应付得来的。

## ￥ 创意性写作的积极性

儿童书写的内容很大程度上已经超出了本书讨论的范畴。显然，如果教师和父母对儿童涂鸦能够表现出相应的兴趣，会有助于他思考能力的发育，我们可以在他的涂鸦作品中发现更多的思考痕迹。通常而言，儿童喜欢看到老师或妈妈按照自己的口述，在他的画作下方或上面写些字。很快，他就会爱上在涂鸦时模仿这些文字的形状，而且常常会使用彩笔写写画画。晚一些，他还会直接在成年人所写文字的下方重新抄一遍上面的文字内容。随着时间的推移，他会变得更加独立，开始给自己的画作添加一些专属的文字或文本内容。最终，儿童的文字交流能力会超越他的图片交流能力，他会把想要讲述的故事用文字写出来，而不再借用画画的方式讲故事了。如果儿童能够生活在一个具有丰富语言资源的环境中，可以在他人讲述的幻想文学、民间故事、诗歌、谜语和笑话的陪伴下长大，成为一个耳能听、眼能看、双手触感敏锐的人，分享自身愉悦心情的需求就会促使他运用文字进行文学创作。这时候，就轮到他去编故事、写诗歌了，当然也包括创作一些幻想文学、小说和纪实文学作品。他还会时不时地使用带有装饰性的包边、封纸和插图来美化自己的作品，也许还会按照某些图案对自己创作的文字进行布局，或是用彩色墨水书写，从而引发读者对特殊字体和作者情绪的关注。

如果家长和教师希望儿童学会关注他人的需求和舒适感，并借此培养他的社交能力，其实可以试着让孩子发出邀请函和感谢信，或帮他设身处地想象一下那些比自己年龄小且无助，或年长且独立，或年迈且需照料之人的感受，这样他就能够从自己的亲身体验和感受出发，创作出带有自身情感特点的文学作品，满怀人类独有的博爱和"洞悉世事"之感。

下面这段话是一个 8 岁大的加拿大男孩对祖母的看法，摘自一本澳大利亚杂志《维多利亚时代浸信会见证》（*Victorian Baptist Witness*）[1]。他的这些描述完美印证了前文所述儿童的亲身感受。

祖母是一个没有自己孩子的女人[2]，所以她很喜欢别人的儿子和女儿。祖母除了待在那儿以外，没有什么别的事可做。在带我们出去散步时，她们会在看到很漂亮的树叶和毛毛虫时放慢脚步。

祖母从不会说"快一点儿"。她们通常都是大腹便便的，但不会胖到没法给我们系鞋带。

祖母大多戴着眼镜，有时她们还会把牙齿取出来。像为什么狗讨厌猫、为什么上帝没有结婚这样的问题，她们都能给出答案。

在给我们讲故事的时候，祖母从来不会跳过某些单词，也不介意反复讲述同一个故事。

---

[1]　译者注：由维多利亚浸礼会联盟（Baptist Union of Victoria）出版的杂志，于 1931 年开始公开发行，现已转为线上发售。

[2]　译者注：这是从孩子的视角对祖母进行观察的结果。在他（尚未形成辈分概念）看来，祖母和母亲是一样的，但没有自己的子女，所以会很喜欢"别人的儿子和女儿"。

每个人都应该试着有个祖母，尤其是在你没有电视看的时候，因为她是唯一一个总会有空暇时间的成年人。

这段话也许会让我们略感好笑，但确实值得我们深思。实际上，对那些负责照料儿童的成年人来说，儿童对他们的最大需求就是他们的时间与陪伴，以及这些成年人对儿童发现了什么新鲜事时所表现出的那种愉悦感。

## 第十章

# 拼 写
## Spelling

我们绝不能轻视儿童所经历的痛苦。他们比我们更为可怜，因为我们尚能看到痛苦的尽头，他们的痛苦却永远也望不到头。

——叶芝（W. B. Yeats）[1]

我们在上一章中提到了阅读障碍和书写困难。显然，有此类问题的儿童是无法准确进行拼写的。但也有很多孩子虽然没有上述问题，在拼写能力方面的表现却也不尽如人意。更有甚者，有的孩子还会因此生出一种很奇怪的自豪感！

## 🏃 将语音转换为视觉符号

为了顺利完成拼写任务，我们需要明白语音是可以被识别，并能够被转换为视觉符号的。此后，我们也可以根据实际需要自行复现这些符号。对有些儿童来说，听觉和视觉方面的刺激就足以帮助他们学会拼写了，他们很容易就能明白应如何在声音和字母的形状间建立关联，并能将这些字母组合成单词，用于表示想要表达的语音。成人可能会借助单个字母或类似 ph 或 st 这样的二合字母进行拼写。但对有些孩子而言，他们需要在触觉感知的辅助下才能学会拼写。我们在之前曾提到有

---

[1] 译者注：威廉·巴特勒·叶芝（William Butler Yeats，1865—1939），爱尔兰诗人、剧作家和散文家，爱尔兰文艺复兴运动领袖，1923 年获诺贝尔文学奖。

些人在写字时，如果闭上眼睛会写得更好。同理，对有些孩子来说，在拼写时闭上眼睛反而能帮他们拼写出正确的单词。这种情况似乎与我们的心理意象密切相关。像我们这样具备生动视觉成像能力的人，往往借助想象力就能"看到"想要看的内容，按字母"读懂"单词的含义，然后再把单词拼写出来。另外一些人则会借助其他方式运用自己的视觉辨别力，可能会通过他们的识别能力，而非依靠记忆力进行拼写。但这种方式可能会令他们把同一个单词拼成两个（或者更多？）不同的样式，需要从中找出正确的版本，也就是"看起来"更像正确的那一个，如 gauge 和 guage 哪个是正确的？或是与之类似的情况，language 和 langauge 哪个是正确的？

这种拼写方式需要我们拥有足够丰富的阅读经验，并在各种情境中都曾见到过拼写正确的单词。此外，在看到两个备选项时，还要具备相应的心理能力，正确进行配对和分类。

有些人在借助类似的分类方式时，还会借助自己的内部言语能力、耳语或大声念出字母的顺序，从而验证这些单词的拼写是否"听起来像是正确的"，或闭起双眼，通过拼写时的眼球运动判断这些单词的拼写是否"感觉起来是正确的"。很少有人在拼写时会单独利用听觉或动觉作为辅助。我们多数人在拼写时会将视觉、听觉和动觉三者结合在一起。在应付某些比较棘手的单词时，我们还会借用某些特定的技巧。因此，我们也一定要保证儿童在学习拼写时能够接触到尽可能丰富的感官刺激，使他们未来可以自行选择最适合自己的学习方式，从而达到最佳的学习效果。他们的感觉器官也能够借此得到相应的发育，感觉和辨别的敏感性亦可因此得以强化。

手指画、装有湿沙子或干沙子的托盘、用橡皮泥和黏土制作的字母、用缝纫机在硬纸或精致卡片上缝制的形状、剪下来的图案和漏印模板、蒙太奇混合画和抽象拼贴画、烟斗通条和金属线，上面这些书写工具对儿童的拼写学习都能起到助益作用，甚至打字机也同样可以达到不错的效果。

海伦·凯勒曾借助用金属线制作的示意图掌握了几何的概念，而圣·邓斯坦（St Dunstan）[1] 也曾借助用金属线制作的城堡模型，将一名患者成功地训练成了导游。在圣·邓斯坦的这个案例中，患者的双手因伤受损，只能使用手臂的剩余部分感受事物，掌握模型的各种特点。这些成功的案例应该可以对我们有所鼓励，使我们尽己所能地帮助每个孩子，积极支持将残障儿童留在普通学校学习的现代教育实践，而非将这群孩子隔离在特殊教育学校接受教育。笔者在教学设备调试改装方面拥有一些经验，可以营造出相应的教学环境，使四肢畸形和小儿麻痹症的患儿能够与健全儿童共同接受教育。我们在教学活动中借用某个动作替换掉其他动作的这股机灵劲儿，同样有助于帮助这些特殊儿童解决与阅读和书写活动相关的各种问题。比如说，某个四肢畸形的男孩，他的双手呈鳍状，不具备正常的五指结构，那我们就可以将铅笔放在一个跟尺子一样长的固定器中，供他在学习书写时使用。在他练习打字时，我们既可以让他使用自己的双手打字，也可以让他借用一根顶部装有橡胶头的小棍子敲击键盘。我们还可以在校园中每扇门的把手下

---

[1] 译者注：圣·邓斯坦（909—988），英国修道院院长、坎特伯雷大主教、威塞克斯王朝首席顾问，曾推行修道院改革运动。

方低一些的位置再安上一个一模一样的把手，这样他就能像其他学生一样，自由地穿行于校园之中了。笔者认为，如果我们能够不怀偏见，摒弃传统的教育方式，试着解决儿童在学习过程中所遇到的问题，他们在阅读、书写和拼写能力方面的补救性教学需求往往都会因此减少。

## 多元刺激法

为了顺利完成拼写任务，我们还需要具备以下能力：看到字母的视觉感知力，听到字母的听觉感知力（即内部言语），写出字母的触觉感知力，以及准确的视觉、听觉和动觉记忆力（识别和记起），将上述这些能力整合在一起的能力。同时，我们在书写时感受到的轻松和舒适对顺利完成拼写任务也很重要。如果儿童需要首先**思考**字母的形状，然后才能再现脑海中**想到**的形状，那他们就没有额外的精力再去关注字母的顺序了，更不用提他们还要担心比例和视线高度的问题了。

## 对齐和顺序

很多家长和老师会因如何才能教会孩子字母"a、d、g、h"的对齐方式，或 god 和 dog 的字母顺序而过于焦虑。儿童往往需要借助相应的练习，才能掌握水平横线的概念。我们可以将学生写的"play"和范例中的"play"进行对比，让他们看看两个单词是否一样，哪里不同，并采用"按照我写的再描一遍。现在你自己再写一遍。非常棒！"的方式，帮助儿童掌握水平横线的概念。但就"对齐"而言，他们必须从字母学习入手，逐渐掌握字母的相对比例，然后才能掌握对齐的概念。我们在前面章节中还曾提到：书写练习同样是个很实用的拼写学习方式，比如说前面提到的对字母 a、d、g 的练习。对儿童来说，"god"和"dog"间的替换关系只是将从左到右的顺序调整为从右到左的顺序这样简单。如果儿童所接受的训练告诫他们，要从一张纸左手边的空白处开始写字，那么我们就必须保证这张纸的左边没有其他纸了！如图 10-1 所示。

图 10-1

这样一来，他们写出的字母就会从纸张左边的空白处开始，逐一向右排列。此外，在儿童学习拼写时，改正错误配对这项练习也可以达到相应的教学效果。当然，如果成年人在练习过程中能够不责备或批评孩子的话，这项练习的效果就会更好了！我们要保证儿童能够明白为什么要拼写出正确的单词，因为"如果你不这样拼写出来的话，我就不能理解你的意思了"。但与此同时，我们还要始终保持警觉的状态，不要在准确拼写方面苛求儿童，以免他们因此受到抑制，在回应我们提出的问题时仅局限于那些他们知道自己能拼写正确的单词，或干脆直接选择逃避需要进行书写的情形。在笔者看来，在儿童能够流利地阅读和书写前，我们不应对他们进行正式的拼写教学。

众所周知，虽然我们无法借助逐个识别字母的方式实现流利阅读，但我们却能通过这种方式完成自左向右的拼写行为。大致来讲，约有 80% 的人对视觉线索的接受程度要高于听觉线索。因此，推迟对儿童进行正式的拼写教学，直至他们接触到足够丰富的正确拼写范例，或许是个行之有效的方法。测验表明，当儿童到了七八岁时，他们便可以顺利感知不同字母形状间的反转和颠倒关系，如字母 d 和字母 b 的字形镜像关系。因此，在儿童超过这个年龄后，我们就应该要求他们在拼写单词时做到绝对准确了，即完美复刻单词的拼写和字母形状。这样一来，他们在拼写中再出现混用字母 d 和 b 这样错误的可能性就会变得很小了。在精细肌肉经建造、绘画等活动发育完善，手部控制精细程度得以强化后，他们的书写技能也会得到进一步提高。同理，儿童手眼协调能力的良好发育也要基于上述前提才能实现。

　　儿童会在具备拼写能力的同时，掌握相应的盲打技能，并遵循如下发展顺序：首先具备打出单个字母的能力；然后过渡到可以打出英语拼写中常见的字母组合，与之相关的大脑神经通路会在这段时间打通；最终，只有在遇到字母过多、不熟悉或拼写不规律的单词时，才需要有意识地在键盘上逐个敲击字母。在此之后，他们在打字时通常只会在同音异义词和速记法错误对应过来的单词上出现问题。根据配对和分类的发展顺序，我们总会首先关注到事物间的相同之处，然后才是其间的差异。基于此，我们也应按照这样的顺序进行拼写教学活动，试着帮助儿童建立起自信，准备拼出单词。在涉及同音异义词时，我们应该单独讲授，而不是成对地教授这些单词。在后文中我们还会再讨论这个问题。

与每个单词的字母顺序一样，每个句子也有着复杂的单词排列顺序。我们往往都**期待**能够按照既定顺序听到或读到某个句子（参见第六章）。在讲话人对某个单词犹豫不决时，我们多想给他补上那个词啊！相信大家一定都能明白这种感受。在读书翻页时，我们通常能预料到下一个单词是什么，这种感觉相信大家也一定非常熟悉。对于经验丰富的读者而言，他们可能更倾向于使用这些规则的句子结构，从而能够留出更多注意力关注单词的拼写，即单词中的字母顺序。因此，阅读材料中出现陈词滥调的情况在所难免。如同句子中的关键词常常传递着最重要的信息，而很多单词其实只是起到了"补白"的作用（注意一岁半儿童的电报式言语）。单词中的关键字母也可以起到"指示杆"或"焦点"的作用，其他的字母其实都是围绕这些关键字母组织起来的。在我们教授儿童拼写时，一定要为他们准确指出这些关键字母所在，帮助儿童意识到它们的重要性。这些关键字母有些在语音方面极具重要性，有些则在视觉方面极为重要（参见第七章和第八章）。因此，我们在教授规则和不规则单词时所选用的教学技巧一定要有差异性。另外，有些单词我们其实可以借助视觉或听觉方式，帮助儿童达到最佳学习效果。如："moon"这个单词的视觉关键字母就是 o，你需要在单词中间放上两个字母 o 才能拼出这个单词；而"church"这个单词的听觉线索是字母组合 ch，你需要两对 ch 才能拼出这个单词，但这两对 ch 不用放在单词的中间位置。儿童可以在我们的帮助下围绕字母 o 进行寻宝游戏，比如可以要求他们留意字母 o 在 moon、cotton、position、polo 等单词中的位置。

## 无意义的单词

如果字母的发音是不变的，那拼写单词时就会简单多了。你可以给你的朋友读读这些单词，看看他们是否能够拼出来：

dink  lods  besks  brelp  blasps  glurck

现在合上书，看看你自己能不能拼写出这些单词。

下面这些"单词"你能读出来吗？

nkid  dsol  skseb  ipebr  spsable  ckurgl

上面这两个例子表明，我们在教授儿童拼写时最好以单词的拼写形态，而非用逐个字母相拼的方式进行。在儿童进行测验和练习时，我们要让他们把单词**在纸上**拼写出来，而不能借助读出字母顺序的方式口头拼写。通常情况下，需要我们在纸上拼写出单词的情形会更多，而需要借助口述方式拼写单词的情况则相对较少。儿童在拼写单词 bees 时也许会感到很有意思，至少对**部分**孩子来讲是这样的。但这样的练习却没什么实际效果，对于那些在拼写单词时几乎完全凭借视觉能力的儿童而言，他们还会因此倍感困惑。我们在拼写单词时必须能够将音素转换为词素，尽可能快地完成思维过程向视觉符号的转换，并在后一转换过程中尽可能少地消耗精力。

上述这种转换能力（即利用自身经验进行类推的能力）有赖于我们对口语和纸面上出现的音群，及其对应字母组合形态的识别和回忆的提高。当然，这种技能也属于一种配对、分类和分级。

## 𝕏 短时记忆和长时记忆

人类有着很多种不同的记忆，最主要的类型包括：短时记忆和长时记忆、识别和回忆。短时记忆的特点是当我们看到一串陌生的电话号码时，能够在足够长的时间内记住这串数字的顺序，直至我们完成电话拨号任务。而长时记忆的特点就不言自明了。识别是指我们能在电话簿的若干地址中，准确找到自己需要的地址信息的能力。回忆则是指我们能"借助记忆"复述出上述地址的能力。

## 𝕏 拼写的学习和教授

有的儿童会在学习书写的第一个阶段就**掌握**拼写技能，但多数儿童仍需在后期对拼写进行系统**学习**。儿童学习拼写的最佳时机也许就出现在我们对他们进行自然拼读指导的时候。应当注意，虽然儿童在拼写或自然拼读方面确实需要来自成年人的指导，但对有些孩子，我们只需点到即止，他们显然无须参与这一阶段的直接教学活动，那些活动反而会令他们感到很疲惫。这些孩子对文字表现出明显的兴趣，他们很可能会比其他孩子更早地掌握阅读技能，具备更健全的视觉记忆力和协调能力。我们可以期待他们能够更早地在上述领域取得成功，并迅速巩固所获得的能力。这样的情况与学生在学习中出现恶性循环刚好相反，但我们却难以对儿童出现这种现象的过程进行分析，甚至连出现这种情况的原因都无法查明，无从知晓是什么因素导致这些儿童产生了如此理想的学习效果。但可以肯定，对大部分儿童来说，虽然他们也想获得同样的技能，却根本无法做到。

教师需要能够对学生的表现进行评估，从而可以在教学中对他们施以高效的教学指导。有时，教师需要将多数学生的注意力引向视觉或听觉线索，从而使他们能够准确拼写出单词。拼写规则就属于上面提到的这种线索之一，有助于帮助学生进行准确拼写。但有些拼写规则的例外情况太多了，根本没有学习价值。我们要尽全力避免出现《纽森报告》（*Newsom Report*）[1]中提到的"过度纠正拼写"问题。我们要将儿童在学习过程中产生的焦虑情绪控制在最低限度，这对保证他们能够顺利学习非常重要。我们其实也可以在教授和学习拼写时增加一些趣味性。总的来说，我们会倾向于重复那些能够给我们带来满足感的行为，规避或强烈抗拒那些会给我们带来苦恼，让我们颜面无光、丧失自信的行为，这一点不用说大家也都明白。

---

[1]　译者注：《纽森报告》是英国政府于 1963 年发布的一份有关教育政策方面的报告。该报告认为，国家的未来取决于其是否能为能力一般和低于一般的学生提供更好的教育。报告由英格兰中央教育咨询委员会撰写，因委员会主席约翰·纽森（John Newsom）而得名。

## 正式的拼写教学

在此，笔者希望介绍一种自认为比较成功的教学方式，仅作为在正式拼写教学活动中可以促使师生都能享受其间的一个教学案例。

| | | | |
|---|---|---|---|
| Write | here | on a chalkboard | （在黑板上写出 here 这个单词） |
| | here | in a column | （以纵行方式书写） |
| | here | eight times | （写出 8 个 here） |
| | etc. | | （等等） |

要求学生读出你所写的内容。然后告诉他们"闭上你们的眼睛！"，你在第二行的 here 前加上一个字母 t，即：

here

there

here

here

再告诉学生："睁开双眼。看看有什么变化吗？非常棒。读出来。"你可以挑选一个学生，然后告诉他，"请按照我的要求做，Come here（到这里来）"。在他完成这一动作后，你要告诉他"非常棒。Go over there（到那里去）！"，并指出某个位置。"非常棒。请问这里的单词 here 是什么意思？there 呢？"如果稍后你又叫其他的学生"Come here"，这时你可以开始在教室里四处走动，让他追着你走来走去，这会使学生感到很有意思。按照同样的方式，依次给每个 here 都加上不同的前缀，直至你完成了包括 here（这里）和 there（那里）在内的含有 here 的全部 8 个单词：where（哪里）、nowhere（无处）、elsewhere（别处）、somewhere（某处）、anywhere（在任何地方）以及 everywhere（到处）。作为复习，你可以要求学生闭起双眼，然后擦掉某个单词。"睁开眼睛。你们来看看哪个单词不见了？那个单词是什么意思？谁能把那个单词写出来？"最后，你可以给学生分发提前印好的材料，上面按照之前的范例以纵列方式写有 8 个"here"，然后由你来提问，甚至还可以鼓励学生进行提问，让他们自己找到每个问题的正确答案，再在手中的材料上填空配对。我们还要尽快在体育课上试着使用上面这 8 个单词。可能的话，第二天还要测验一下学生能否拼写出这些单词。

## 拼写游戏

另外一类广受儿童喜爱，且经验证十分有效的拼写游戏，就是让他们在单词的词首和词尾添加字母。

你可以先写出一个字母 a，然后向学生提问："谁能给字母 a 加个头或加个尾巴？"

学生可能会写出 at。

"非常棒。谁还能再给 at 加个头或加个尾巴？"依此类推。

或者你也可以给出一个起始点，如图 10-2 所示。

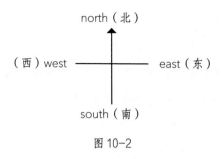

图 10-2

然后试着收集更多同类的单词，有些儿童喜欢将这些同类的单词称作"词族"。你可以鼓励学生在拼写这些单词时将相同的字母或字母组合对齐，从而起到强调和凸显的作用，如：

east　　　　　　　　east[1]

不要写作

beast　　　　　　　beast

这类活动很适合在儿童学习押韵和写诗文时使用。刚开始练习时，要求学生收集一些完全押韵的单词就可以了，如：

east

least

但随着练习难度的加大，我们要开始鼓励他们收集一些部分押韵的单词，如：

| east | | ea |
|---|---|---|
| easter | 或 | east |
| redbreast | | tea |
| | | break |

---

[1] 译者注：这里演示了词族正确（左边）和错误（右边）的对齐方式。

我们还要将单词在视觉和听觉方面的"押韵"相关联，从而强化儿童的拼写线索意识。在这一过程中，写有字母的小卡片会是一件非常实用的教学工具，可以免去教师在教学活动中因尝试不同的字母顺序或组合而撰写板书的需要。虽然从历史发展的角度看，书写行为确实会先于阅读行为而存在，但就儿童学习顺序而言，阅读行为却常常会先于书写/拼写行为出现。这主要是因为后者需要儿童具备更为复杂的双重编码能力，即在纸上进行标记的身体机能及将声音转换为意义的思维能力，而阅读行为则无须同时具备书写行为额外所需的肌肉协调性。不过从另外一个角度讲，我们可以肯定的是：书写行为确实有助于儿童学习阅读！这两项活动会不可避免地交织在一起，我们在写字时产生的神经冲动会从我们的手部反馈回大脑。因此，尽量减少儿童在拼写时出现错误的可能性也很重要，因为错误的行为与正确的行为在儿童神经系统中形成的脑电回路同样强劲。基于同样的原因，由教师在黑板上写出单词的错误拼写，然后让学生改正错误的教学方法并不是个明智的选择。你可能会借助这种方式教会学生错误的拼写，进而提高他们犯错的可能性。

另外我们还要牢记于心的一点就是：男性的生长发育速度相对女性而言要慢一些。男性通常要到 22 岁左右时，身体中钙质才会开始在他们的骨骼中积存。但在正常情况下，女性身体中的钙质积存在 18 岁左右就已经完成了。因此，在身体发育方面，4 岁大的女孩与 5 岁大的男孩大致处于同等水平。男性和女性的肌肉和骨骼分布也会在生长过程中渐渐产生差异，女孩往往可以比男孩更早地做出翻跟头的动作，但男孩的骨盆带重量更轻，胸部和臂部肌肉更为强健，更适合进行攀爬活动（他们大多确实在这方面做得不错）。因此，相对于女孩来说，我们对于男孩在运动协调性发育速度方面的期待值要低一些。既然都已经谈到了这一点，我们同时也应该意识到干净整洁完全是成年人才会具备的概念。对儿童来说，他们只能慢慢学着接受这一概念，并将其视作一个合理的目标。不过，出于获得成年人认可的需要，儿童也许很早就会制作出某件精美整洁的作品，并让成年人欣赏自己的这件作品。但我们要意识到，他们实际上是不会在其他生活情境中复现这种行为标准的！

## 小结

我们在拼写教学中必须加入视觉、听觉和动觉感官线索。要着重强调事物间的相似性，而非差异性；要着重强调字母组合，而非单个字母。在展示某个单词时，我们通常还应注意唤起学生对相关拼写线索的关注。

| brown<br>down<br>owning | 不要写作 | (a) brown down owning<br>或<br>(b) brown<br>down<br>owning |
|---|---|---|

# ⚔ 教学技巧和拼写活动

**1. 强化儿童准确的言语能力。** 如果你习惯于将 "penny" 读作 "panny"，或将 "fired a bullet" 读作 "ford a bolit"，因此出现的拼写错误与错误的发音完全吻合，非常合理。

**2. 听力游戏和活动。** 听力游戏和活动对培养儿童耳朵听声音的能力非常重要。我们安排的听力游戏和活动要具备相应的趣味性，从而保证参与者的注意力能够集中在游戏和活动上，并愿意重复进行这些游戏或活动。在儿童玩 "我来猜" 游戏时，我们要选用字母的发音，而非字母的名称。你可以绘制一张物品清单，清单上物品名称的首字母都是一样的，要着重强调名称以字母 b 和 d 开头的物品。我们在进行各类配对和分类游戏时，刚开始都要从完整的单词入手，然后再要求儿童对单词的词首、中间和词尾部分进行配对和分类。我们可以先告诉儿童怎样将 "carrot" 这个单词分解为 "car" 和 "rot"，然后再告诉他们应该如何进行反向操作，比如说可以将 "not" 和 "ice" 这两个短小的单词组合成新的单词，借此吸引儿童的注意力。有些儿童如果对说话的声音或抽认卡能够做出一些肢体反应，如站立、挥手、蹦跳、击掌等，他们集中注意力的效果可能会更好。

> 在 dog、sheep、bat、not 4 个单词中，
>
> 哪个单词与 cat 的发音相似？
>
> 或　　　与 cat 的形态相似？
>
> 或　　　与 cat 的发音和形态都相似？

**3. 每次只提供一条线索，尽可能与视觉和听觉相关联。**我们首先要关注前缀和后缀，如：

| big | break | east | saw | sag [1] |
|-----|-------|------|-----|------|
| boy | broom | feast | sawn | prig |
| ball | branch | beast | awning | dig |

之后我们可以过渡到中间字母的顺序，如：

| moon | meat | fire [2] |
|------|------|------|
| soon | bead | girl |
| balloon | real | shirt |

在排列时着重强调单词的相似性。

上面的单词中哪些暗含视觉线索？

哪些暗含听觉线索？

哪些同时暗含视觉和听觉线索？

**不要**在这一阶段涉及同音异义词。

---

[1] 译者注：第一列单词都以字母 b 为词首（仅含视觉线索）；第二列单词都以字母组合 br 为词首，且发音相同（同时含有视觉线索和听觉线索）；第三列单词都以字母组合 east 为词尾，且发音相同（同时含有视觉线索和听觉线索）；第四列单词中都有 aw 这个字母组合，且发音相同（同时含有视觉线索和听觉线索）；第五列单词都以字母 g 为词尾，且发音相同（同时含有视觉线索和听觉线索）。

[2] 译者注：第一列单词中间位置都含有字母组合 oo，且发音相同（同时含有视觉线索和听觉线索）；第二列单词中间位置都含有字母组合 ea，且发音相同（同时含有视觉线索和听觉线索）；第三列单词中间位置都含有字母组合 ir（仅含视觉线索）。

**4. 颜色。**当颜色不再仅仅出现在规定的轮廓之内时，也就失去了它的使用价值。试着想想我们在商店里面对琳琅满目、色彩斑斓的商品时的感受吧，或是当我们看到的单词每个字母都是以彩色的样式出现的情形。更不要提，这样做也许还会让人误以为某些特定的颜色要比其他颜色更为重要。

颜色兼具个性化与情绪化的属性，因此我们必须时刻保持警觉，避免在儿童脑海中建立起错误的颜色因果关系，或干扰到他人对颜色的个性化认知，以及他们对颜色所承载的重要意义的理解。在我们使用颜色进行数量提示时，上述注意事项同样适用，如图 10-3 所示。

图 10-3

**5. 注重所教授单词间的关联，充分调动儿童的学习积极性。**我们要将拼写教学同儿童的需求相关联。当我们一心想要了解某个事物时，往往就能达到最佳的学习效果。有时，我们甚至还能够同时学会相对独立的不同知识，再说明白一点儿就是：我们也许能够同时发现"rough"（粗糙的，粗暴的）既可以与"smooth"（光滑的）形成对立关系，也可以与"gentle"（温柔的）形成对立关系。

**6. 利用图解词典按照三段式方式建立字母顺序。**我们如果能够按照下列顺序使用图解词典，也许可以更好地帮助儿童进行学习：

第一阶段　个体兴趣：儿童收集物品的清单。

第二阶段　关联排列：有关玩具、食物、家族名称的不同清单。

第三阶段　字母顺序：以字母 b 开头的物品名称的清单。

在此之后，卡片就可以派上用场了。我们可以按照字母表的顺序排列卡片，将这些卡片放在某个开口的鞋盒或类似的器皿中即可。

第一阶段　卡片上同时出现文字和图片（如图 10-4 所示）；

图 10-4

第二阶段　卡片正面出现文字，背面出现图片；

第三阶段　卡片上只出现文字，正面辅以相同字母顺序的其他用法，如：

与 bee 字母顺序相同的其他用法包括：tree
see
seed
feed

背面列出与这个单词相关的物品名称清单，如：

与 bee 相关的物品包括：hive （蜂箱）
honey （蜂蜜）
sting （蛰）
egg （卵）
grub （幼虫）

**7. 儿童自己编的词典。**要在儿童已经能够准确掌握字母表（包括字母 p 页上类似 ph 这样的二合字母！），并能快速浏览页面，识别自己所找寻的单词后，这本词典才能起到相应的作用。即便某个单词已经写在黑板上或学生的本子上了，也还是会有学生询问老师这个单词应该如何拼写。这一现象表明提问的学生在单词的拼写方面仍然存在某些问题，即应如何通过视觉发现某个单词并进行抄写。通讯簿是儿童在进行单词储备练习时非常实用的一件教学工具。

市面上售卖有很多不同种类的词典，但在儿童具备较高的拼写能力前，这些词典多数没有什么用处。

**8. 分级清单。**这件工具的效果取决于编者是否足够了解儿童阅读和拼写学习早期阶段的特点。按照拼写要素进行分类，分级清单主要可分为以下 4 种类型：

（a）相似的听觉和视觉要素。

　　power　shower　tower

（b）相似的视觉要素，不同的听觉要素。

　　stove　glove　prove

（c）不同的视觉要素，相似的听觉要素，即同音异义词。

　　bier　　beer

　　their　　there

　　bear　　bare

（d）（i）不发音的字母；（ii）容易记错的二合字母；（iii）不合逻辑的拼写。

　gnat、knight、smile、island、two、elephant、church、thumb、whom、once、choir 和 chat

按照关联性进行分类，可以划分为以下几种：

（a）共同的要素和语境。

　　如：双连字母　needle　button　cotton

　　　　　　　　　　tree　beech　seed

（b）共同的语境。

　　milk　water　tea　coffee　lemonade

　　father　mother　son　daughter　baby

（c）*存在较难的元素。*

　　（i）*不发音的字母。*

　　　　knee　　　comb　　　mate

　　　　kneel　　　crumb　　　hive

　　　　knock　　　thumb　　　mile

　　　　knob　　　climb　　　come

　　（ii）*发音不合规则。*

　　　　although　　rough　　cough

　　　　though　　bough　　lough

　　（iii）*复数。*

　　　　mouse → mice　　day → days

　　　　house → houses　lady → ladies

　　有关词汇量的问题，我们在前文中提供了一份非常实用的单词表，列出了儿童言语中最常用和最不常用的单词。这也许会诱使某些教师在儿童教学中"只训练这些单词"，但这样做过于短视，很可能会导致学生学习积极性的丧失。

**9. 对儿童遇到的困难进行诊断。** 在尝试进行教学活动前，我们首先要对他们现在正面临的学习困难进行诊断，这一工作很有必要。儿童出现某些常见错误的诱因如下：

动作错误——导致儿童出现书写错误；

视觉错误——导致儿童出现观察错误；

错误的听力接收
错误的发音方法 ⎫导致不准确的发声表现；

含义混淆——常见于同音异义词；

无法对一串声音进行分析，或对应如何描述这些发音一无所知。

我们应尽可能地在教学活动中将含义与单词拼写相关联：

hear（听）和 ear（耳朵）相关联；

sea（大海）和 beach（沙滩）相关联。

但我们有时也会在其他情况下对不同的单词进行关联，如：在 beech（山毛榉）和 tree（树）间建立关联，或在 I（我）、mine（我的）和 their（他们的）间建立关联。

我们可以让儿童借助上下文和词族、绕口令、笑话和双关语、押韵词（头尾韵及中韵）、关联性、容易混淆的拼写和难词（发音错误在这里反而能够起到助益作用，识别发音不规律的单词如 g—nat、com—b、k—night 等，可以有效排解他们的焦虑感），直接对单词进行观察。即使学生在借助自然拼读法进行拼写时出现了错误，我们也要鼓励他们，因为这表明他们正在尝试借用逻辑推理的方式进行拼写。

> 小提示："ellifunt"的拼写与 elephant（大象）的发音完全匹配，我们要借此对这一拼写错误进行扩展，整理出一份会将发音 /f/ 拼写成字母组合 ph 的物品名称清单。

**10. 教学重点。** 借助儿童在拼写学习方面日益强化的兴趣和不断取得的成功，以及他们对处理复杂和意味深长单词的信心，我们可以逐渐从中发现拼写教学的重点。当学生使用了某些极具趣味性的单词时，我们要慷慨地对他们加以夸赞。我们可能只在需要他们进行准确抄写的时候，才会将这些单词正确的拼写方式提供给他们。要知道，少对他们所犯的拼写错误进行纠正，总比过早对这些错误进行纠正好。

周期短、频次高的教学活动往往要比周期长、频次低的教学活动效果更好。

处于我们积极词汇表中的单词往往要比处于消极词汇表中的单词更易于掌握。

有节奏地重复更易于吸引婴儿和小朋友的注意力。

**11. 拼写游戏。** 如词汇表、拼字游戏、解密游戏、易位构词游戏、纵横字谜、构词游戏，都极具实用价值。包括：

> 牧师的猫（The Parson's cat）[1]；
>
> 收拾行李箱（Pack your suitcase）[2]；
>
> 字母匹配；

---

[1] 作者注：牧师的猫，一种按照字母顺序罗列形容词的游戏。

[2] 作者注：收拾行李箱，罗列相似物品名称的游戏。

对单词进行分类与排序；

在词首和词尾添加字母；

截断单词，并添加新的字母；

填空——必须全部填满，否则就算失败；

dr__  k__ed  sh__ing  f__ing  v__age  h__s

要求儿童按照押韵，视觉相似性和含义，相反性，含义、拼写、发音、节奏等关联性，以及字母相同（如 saw 和 was）等规则，对单词进行配对；

要求儿童在广告页、旧杂志或读本上，用红色圈出所有的字母 d，用绿色圈出所有的音节 at，用黄色圈出所有的字母 s，用黑色圈出所有的字母 b，依此类推。

要求儿童整合所有带双连字母的单词，或所有像从 PHEASANT（野鸡）衍生出的单词，或词内包含其他词的单词（如我们可以在单词 matter、formation、mattress 中发现单词 mat）、带有长音 e 发音的单词（如 piece、seed、reads、these、teeth），或带有长音 i 发音的单词（如 aisle、sight、height、my、mine、choir）。

我们可以在练习册中找到更多此类游戏，但效果最好的还是那些由儿童自行编创的小游戏。

## 𝕏 成功的七项必备条件

儿童在拼写学习方面要想取得成功，很大程度上取决于以下几个方面：

1. 对拼写行为建立起正确的态度，即感兴趣、有自信，并能用"心"进行拼写（即出于对读者的尊重），有意记住这些拼写，并能积极地"应对"拼写任务；

2. 具备相应的学习积极性，即认为清晰透彻的交流是有用的；

3. 教学活动应适应儿童的个性化需求；

4. 教师的教学方法明确、有效；

5. 重点强调儿童所取得的进步，并对他们所取得的成功"回馈"以发自内心的喜悦感；

小提示：强化师生双方对所获成就的自豪感。

6. 注意复习，特别是当某个单词因与其他单词的关联性从儿童的消极词汇转变为积极词汇时；

7. 系统、及时地对儿童进行补救性教学。

# 试一试！

## 1. 哪里奇怪?

How quickly can you find out what is unusual about this paragraph? It looks so ordinary that you would think nothing is wrong with it. In fact, nothing is; but it is distinctly odd. Why? Who knows? Go to work and try your skill.

（你可以多快发现这段话的异样之处？这段话看起来很普通，你可能会觉得没什么问题。事实上，它确实没什么问题；但又明显有些奇怪。这是为什么呢？谁能知道呢？行动起来，试试你的身手。）

## 2. 破解密码

请你破译下面这段信息：

GUVF VF N SNVEYL FVZCYR PBQR IREL RNFL GB QRPBQR GURFR PBQRF NER NYJNLF RNFL

## 3. 智力测试

请你慢慢地阅读下面这句话：

Finished files are the result of years of scientific study combined with the experience of years.

（这些已经完成的文件是多年来的科学研究与经验相结合的产物。）

现在请你数一数：这句话中有多少个字母 F?

## 答案看这里！

1. 英语中最常见的字母是 E，在这段文字中一次都没出现。

2. "这是一个非常简单的密码，非常容易破解。这些密码总是非常容易破解。"[1]

3. 智力水平中等的人能够从中发现 3 个字母 F。智力水平超过一般标准的人能够从中发现 4 个 F。如果你发现了 5 个 F，那你完全可以对其他人的智力水平嗤之以鼻了。如果你发现了 6 个 F，那你可能是个天才，不应再浪费时间做这些小测验了！

## 拼写短歌

下面罗列了一些拼写笑话，既有视觉方面的，也有听觉方面的，其中暗含的道理凸显了学生在学习英语拼写时会遇到的问题：

### 示例 1. 给外国人在发音方面的提示

我以为你已经知道

如何区分 tough、bough、cough 和 dough？

其他人可能出岔子，但你绝不会如此，

如何区分 hiccough、thorough、laugh 和 through？

---

[1] 编者注：本段文字的破解方法是，将 26 个英文字母从中间断开，分为两组，前 13 个字母按顺序与后 13 个字母依次对应，如 A 对应 N，B 对应 O，依此类推。破译后的英文原句为 "This is a fairly simple code, very easy to decode, these codes are always easy"。

好样的！也许你现在希望，

学一些不常见的组合？


你要小心 heard，这可是个可怕的单词

看起来很像 beard，听起来却像个 bird，

而 dead 呢，读起来很像 bed，却一点儿也不像 bead——

谢天谢地，你可千万别把它读成"deed"！

小心留意 meat、great 和 threat

（它们和 suite、straight 和 debt 押韵相同）


moth 不是 mother 中的 moth

both 也不是 bother 中的 both，broth 也不是 brother 中的 broth

here 和 there 不是一对

dear 和 fear，bear 和 pear 同样也不搭对

then 和 there 也一样，rose 和 lose——

查查看——哦，还有 goose 和 choose，

cork 和 work，card 和 ward，

font 和 front，word 和 sword，

还有 do 和 go，以及 thwart 和 cart——

好啦，好啦，我都不知从何讲起了！

天哪！这门语言可怕吧？

我可是 5 岁时就掌握喽！


仅知作者名字的首字母：T.S.W.

### 示例 2. 盎格鲁-撒克逊的杂音

先生！对于英语的变幻莫测及其不合逻辑的发音，我已经思索了很长一段时间。比如说，字母组合 ough 有着 6 种发音，最少涉及 15 个单词。在罗列这些单词的时候，我试着用它们创作了一首"莎翁十四行诗"，旨在借此为那些正在与之纠缠的外国人提供一些帮助：

> 拖着疲惫辛劳的身躯，我回到了我家就在 Slough（地名）；
> 一整天一刻没有停息，我一直都在不断地 cough（咳嗽）：
> 我听到了很多只小鸟，它们一直啼鸣立于 bough（大树枝），
> 小马拖着重步向前走，喝水时它们会来到 trough（水槽）。
> 我的身体不是很健硕，说明我的工作过于 rough（艰难的）。
> 我热爱我的分内工作，希望能够持续下去 though（不过）
> 我的母亲她告诉我说，这份工作薪水不太 enough（足够）
> 如若这般你的一辈子，都要在不断揉捏着 dough（面团）。
> 她认为我应换份工作，学着尝试紧紧跟随 plough（耕犁）
> 然后加入姨妈的行列，她就住在不远之处 Brough（地名），
> 那里常常会大雨倾盆，大风袭来总会狂嚎 sough（飒飒声）
> 这会强健我的体与魄，使我身心变得更加 tough（坚韧的）。
> 但我绝不会离开自家，更不会远离出生的 borough（街区），
> 我会留下来继续工作。我的格言就是绝对"Thorough"（工作缜密）。

不过，我直到后来才发现这里面有个格格不入的单词，没有押上韵，所以我又补充了两句：

但现在当我又重读 through（彻底地），

我得承认也许开始 flough<sup>[1]</sup>。

索尔兹伯里　多拉·H. 罗伯逊夫人

### 示例 3. 令人头大的发音

你能给我解释一下为什么"debt"中会使用不发音的字母 b 吗？

我也不能掌握（gebt）这个窍门，但（yebt）事实上，我也感到很茫然！你说大海是蓝色的，就像一艘由船员（crue）操控的军舰吗？

你给街上（streipt）那个男人收据了吗？他一整（thrue）天都在我旁边（puscles）。

如果某个人死了，你会说他死了（dead），但讲到某本书，而非颜色的时候，你会说读了（read）<sup>[2]</sup>。

我想这些糟糕的内容（stough）已经足够了，再会了（goodbuy），先生——我已经错过了上床（bead）时间（tyme）了。<sup>[3]</sup>

---

[1] 译者注：英文中没有 flough 这个单词，这里是写作者为了嵌套"莎翁十四行诗"格律的戏拟。

[2] 译者注：dead 和 read 中都有相同的字母组合 ea，但其发音并不相同。

[3] 编者注：本段原文为 "Will you please explain to me Why in 'debt' you should use silent b? / I cannot gebt the hang of it yebt in fact I'm completely at sea! You say that the ocean is blue is a warship then manned by a crue? / Do you give a receipt to the man in the streipt? It puscles me all the day thrue. / If a man dies you say he is dead but a book, not the colour, is read. / Still I think that's enough of this terrible stough goodbuy, Sir—it's past tyme for bead." 。

你是怎么知道的！

有时，对我们多数人而言，英语单词的拼写往往会像掉入了陷阱一样，困难重重。下面我们就来举一些极为怪异的例子，仅供消遣。

### 示例4. 拼写陷阱

**①悲伤的故事**

如今，你已飞离我的身边，（fly）

虽然，于我而言，你在昨日业已飞离，（flew——fly 的过去式）

现在，我本打算大哭一场，（cry）

虽然，迄今为止，我还从未做过船员。（crew——非 cry 的过去式）

**②不难吞咽**

我在想什么才能帮我咳出来；（cough）

一杯咖啡应该足矣。（coughey—coffee）

至少不会将我干掉，（ough—off）

也许还能于我有利。（gould—good）

**③伙伴间的和平**

一壶红酒藏于树枝下（bough）

牛奶源自心安的幼牛（yon—young）（cough—cow）

有你在令我不胜荣光（glow）

美艳芬芳，遍布全身。（tow—toe）

④这个问题毫无意义

如果你刚说的是"Boot"（靴子），

之后为什么不是foot（脚）？

那么现在在你的feet（脚上），

你应该穿着的是beet（甜菜根）。

## 示例5. 奇特的署名

有个古怪的家伙叫特纳（Turner），他最近在签名时总会写Phtholognyrrh。当我们催促他对此进行解释时，他为自己古怪的签名辩解如下：

*phth* 的发音与 *phthisic*（结核病的）中相同字母组合的发音一样，代表了 *T*；

*olo* 的发音与 *colonel*（上校）中相同字母组合的发音一样，代表了 *UR*；

*gn* 的发音与 *gnat*（小昆虫）中相同字母组合的发音一样，代表了 *N*；

*yrrh* 的发音与 *myrrh*（没药）中相同字母组合的发音一样，代表了 *ER*。

■ 第十一章

# 总 结
## Summary

要趁早——慢一些。

三思而后行。


使我感到奇怪的是，我们竟然没有公认的培训项目可以提供给这个世界上最重要的职业，即如何为人父母。可怕的是，虽然英国自 1973 年起就开始向民众提供 11 年制的免费全日制教育，如今社会上却依旧存在着不识字的成年人。乍一看，它们似乎各不相干，但实际上这两个问题是密切关联在一起的。父母往往会在"抚养儿童长大"的过程中，无意间就开始了对他们的教育；学校则会借助对教师为期三至四年的专业训练，让他们有意识地开展对学生的教育活动。这两种教育方式之间仍然有着巨大的差距。

发表于 1967 年的《普洛登报告》，在"儿童和其小学"（Children and their Primary Schools）一章中有这样一段描述：

儿童是教育过程的核心。只有当我们提供的教学内容能够与儿童的天性相匹配，并且能够为他们所接受时，我们在教育政策方面的改进和新添购的教学设备才能达到预期的效果。对于那些无缘获得图片、书籍或口语刺激的儿童来说，在他们身上会发生什么我们知之甚少。当他们所接受的刺激在认知、智力或情感方面与其年龄、发育阶段或是个性不相匹配时，又会发生什么我们就更无从知晓了。究竟哪种方式更便于我们及时发现儿童对新知识或新情绪形成感受时的"第一次灵光突现"？

更便于我们及时觉察到他们第一次做好准备接受全新的概念，或建立起一段全新的关系？我们距离实现这一目标还差得很远。

因此，无论是为了避免在对儿童的教育实践中做出有害于他们的举动，还是为了能够在教学活动中引入一些更为有效的实践做法，充分了解儿童的成长发育特点对我们来说都是至关重要的。在过去的50年中，我们在与儿童身体、情感和智力发育的相关领域研究方面付出了巨大努力。大量有关儿童生长发育的事实及与之相关的真相得以拨云见日，我们还在这些领域建立起了一系列通识原则。本章将聚焦于那些最具教育意义的事实，以及对教育实践、教学规划会产生直接影响的通识原则。

这里提到的事实主要包括：与儿童其他身体部位相比，他们的大脑会更早得到发育；女孩的身体会比男孩更早得到发育；同龄儿童在身体和智力发育的成熟度方面会存在巨大差异（这一点在青春期尤为明显）。按照如今的发展趋势，儿童的身体往往会比以往更早发育成熟。通识原则主要包括：时下有关关键期或敏感期的概念，发育"顺序"（sequence）的概念（即儿童在成长发育过程中会经历的事件都是按照顺序固定好的，但会因开始发育的年龄有所不同而存在差异）；男孩在不利条件下的抗逆能力要比女孩差；当然还有最重要的一点——儿童机体发育及其所处环境间复杂且持续的交互影响。最后这一相当冗长的说法，究其本质其实就是我们老生常谈的"天性论"（nature）和"教养论"（nurture）间的争论。基于我们对遗传学和人类生物学业已取得的进一步了解，这方面的争论其实已告一段落。这些全新的认识还使我们能够在谈到儿童成长发育过程中测得的智力分数的变化时，可以对这些数字所暗含的意义产生更清晰的理解。

# ☒ "天性论"与"教养论"之争

遗传因素与后天环境究竟会对儿童的成长发育产生怎样的影响？这一争论由来已久。但究竟是什么原因使我们成为现在的样子，或阻止我们成为相反的样子呢？我们可以进行选择吗？我们对身体化学平衡状态的依赖性有多高？我们真的是因为"感觉"才做出"行为"的吗？如果我们无法控制自己的感觉，那我们能控制自己的行为吗？当我们宣称自己情不自禁时，事实真的如此吗？谁该对儿童的行为负责：父母、教师，还是儿童自己？5岁大的儿童会带些什么东西去学校？他为什么会带这些东西？优秀的父母有什么特点？优秀的教师又有什么特点？

笔者认为，家校间彼此理解的程度越高，儿童的成长发育能够实现令人满意效果的可能性就越大，而这些孩子的家长也会因此成为"优秀"的父母。如今，很多教师本身也为人父母，这种家校间的理解其实应该很容易就能实现。但事实上，部分家庭与学校之间仍然充满了猜疑和不信任。要想使这一情况有所改善，双方都需要付出努力。

毫无疑问，儿童出现的行为问题和"不具备阅读能力"之间存在着密切的关系。为了父母、教师和儿童三者的共同利益，我们应尽可能地保证儿童可以更加愉快地学习阅读，从而建立起从事阅读活动的信心，有效掌握相应的语言技能，能够在高效沟通的基础上进行交流、阅读和书写。（显然我们在这里并未暗示相反的说法也一定成立，即**具备**阅读能力的儿童就一定不会出现行为方面的问题！）我们还要努力保证儿童阅读的单词符合他们的兴趣点，并在他们的经验范围内。儿童必须学会享受文字，学会理解书写和阅读行为的用途，渴望分享自己的经历体验，并有机会借助各种方式练习听、说、读、写，以及记录的能力。一个孩子在上学第一天回到家后，告诉他的妈妈："我再也不去学校了。我既不会读，也不会写，他们都不让我讲话，我觉得这是在浪费时间。"他说得太对了。但值得庆幸的是，如今会这样做的学校已经很罕见了！我们已经意识到对于那些能被老师看到，却没有机会讲话的学生来说，他们不仅会在言语能力和理解语言能力的发育方面受到制约，还会被剥夺获得智力发育的机会。但教授儿童该如何进行阅读的责任也不能完全落在学校身上。只要法定入学年龄定为"5岁+"这一条不变，学校教育就一定会错过儿童语言发育的关键期。而且人们还普遍认为儿童在学前阶段所损失掉的时间，在后期是绝对无法完全弥补上的。因此，在我们将儿童每天的大部分时间转交老师管理前，家长一定要想一想自己是否也能为孩子做些什么，这一点尤为重要。

乔伊斯·莫里斯（Joyce Morris）[1] 博士在 1964 年 5 月 25 日向国际阅读协会（International Reading Association）[2] 报告了她在肯特郡（Kent）的调查结果，她对"最优秀的教师"给出了这样的定义：

---

[1]　译者注：乔伊斯·莫里斯（1921—2014），英国识字研究专家，英国阅读协会（UK Reading Association）创始人之一，英国心理学学会（British Psychological Society）会员。

[2]　译者注：1956 年于美国特拉华州纽瓦克成立的国际阅读协会，会员主要是对阅读有兴趣的教师、阅读专家、顾问、行政人员、研究人员、心理学家、图书馆员和家长，协会宗旨是改进各级学校的阅读教学质量，促进人们形成终身阅读习惯和对阅读影响的认识，鼓励阅读者达到最佳阅读水平。

这些最优秀的教师会努力改善教室中的环境，会对学生取得的进步表现出浓厚的兴趣，他们自己往往很喜欢阅读，对于有关阅读和教育的研究工作也普遍很感兴趣。这些教师认为除被正式宣告智力异常的情况外，所有儿童在小学毕业时都应能够达到相应的阅读水平。如果有些学生没有做到的话，那一定是因为校园提供的学习环境不够理想。换句话说，他们认为儿童刚开始碰到的各种不利因素，无论是其自身原因产生的，还是家庭环境造成的，都可以借助教师兼具同理心的理解和决心来帮助解决。这些最优秀的教师在阅读方法和阅读材料方面有着广泛而深入的知识储备。在实践中，他们的教学方法能够适应所有学生的需求，既恰到好处，又极富想象力。同时，他们还能以最佳的呈现方式，充分利用手边的读本。例如，他们会细致地对班级图书角的图书进行分级，并借助对学生进行口头提问，或让学生撰写书评的方式，来检查学生是否已经阅读了这些图书。此外，在分发其他读本时，他们还会确保读本内容的难度和成熟度与学生的能力水平相当。最后，他们所教授的学科显然不会让学生学起来很吃力，他们培养的学生不仅行为规范，还能勤奋快乐地进行学习活动。

但老实说，笔者对于我们的现状其实并没有这么乐观。以目前的班级规模来看，如果学生需要克服自身所处环境造成的影响，我们尚不具备为他们提供个性化帮助的能力。不过，有些教师在服务自己的学生时可能也会创造奇迹。完整的学生个人活动记录可以帮助教师实现对学生可用时间的最优利用，书脊上的彩色胶带可以引导儿童找到符合自己能力水平的读本，广泛了解各种教学方法和活动可以使教师在教学活动中具备更多选择余地，从而适应学生的个体兴趣和需求。如果父母还能对此提供一些支持，关爱和关注自己的孩子（这无疑对儿童的健康成长和生长发育至关重要），这些孩子很可能有机会学会如何才能经济、高效且愉悦地进行阅读。在此之后，这些幸运儿就可以自由地跨越时间和空间的界限，有机会阅读到早已过世或相隔万里的作家的作品，有机会与有着不同兴趣和文化背景的人分享自己的想法，有机会借助言语或著书立说的方式将自己的想法呈现于同时代，乃至后世之辈的眼前。从更功利的角度来看，这些孩子还能因此掌握发现和探究信息的能力。人类将原本相连在一起的各种知识切分成了不同"学科"，这些学生借助老师和父母的帮助，同时习得了对这些"学科"进行研究的能力。从功利的角度来看，他们未来将能借此更好地谋生，更舒适地生存于这个对计算和读写能力高度依赖的社会之中。这也就难怪为何成年人总是如此重视对儿童读写能力的培养了！

纵观历史，成年人往往会因该如何培养年轻人遵从现行生活和社会模式而产生焦虑，时不时地忽略他们的天性和特有的学习方式，这一问题似乎从未有所改变。儿童常常会急切地渴望能让成年人感到满意，这几乎是每个孩子成长过程中都不可避免会发生的情形。他们在小时候是那么的无助，以至于非常依赖成年人的认同。在这一阶段，我们很容易就能把他们塑造成我们希望他们呈现的样子。那些奋起反抗的孩子，往往会因为自己对父母或老师的爱和责任感，或受迫于外界的暴力和惩戒因素，在必要时选择放弃抵抗。那些我们挑选出的自认为适合儿童学习的内容，与其说是为了符合他们的兴趣，倒不如说是为了能够使他们符合某个特定理想范例的相应标准。我们这样做的目的往往是想帮助儿童尽快长大成人，达到某个社会既定的通用标准。直到最近，我们的教育目标才由此转变为通过对每位学生个性的研究，试着帮助他们充分利用自己的天赋，弥补自己的缺陷，学着了解自己的能力，并关心体谅自己的同胞。

## 🏃 善用童年

人类的成熟周期会如此漫长绝非偶然，这是因为儿童在这一时期有太多东西需要学习，同时他在这一阶段往往也具有最为强劲的学习能力，使他能够学会这些知识。因此，没有任何借口可以允许我们对孩子童年阶段的学习过程一无所知。当然，在人类发展及生理意义上的人脑转变为具备心智的人脑的过程中，以及在学会如何与万物共存而非破坏我们赖以生存的星球的生活方式方面，我们还有太多尚未知晓的领域。另外，虽然我们嘴上总在提着儿童的需求，但实际上却一直在努力构建着适应多数成年人需求的环境。这样做的结果会使我们直接忽视儿童需求的存在，无形中使很多孩子没有机会发挥自己的潜力。当我们对儿童在自由玩耍时形成的行为方式有所观察后，可能就没人会相信诸如身体是否健康、情绪是否稳定都不会影响他们的学习能力这样的观点了。此外，儿童对精神方面的需求同样巨大，只有对此感兴趣的成年人才能满足他们。儿童无法自行选择自己所处的环境，只会摆弄放在他们面前的东西。但不幸的是，有些孩子几乎没有什么东西可以用来摆弄。在一个资源丰富的环境中（指游戏空间和可供摆弄材料方面的充足，而非金钱方面），我们最期待儿童做出的反应是能够对这些材料进行自发的探索、实验和言语表达。一个富于同情心的成年人会与儿童分享自己的快乐，向他们提问并给出答案，给予他们相应的支持和鼓励，对他们进行刺激和抑制，对他们表示欣赏和批评，借此为儿童从以自我为中心（自我意识）走向社交成熟、从无知走向了解环境、从无助走向独立，直至最终实现成功的人际交往提供可能性。我们要能给予儿童诸如此类的帮助。与此同时，我们**也**期待着能有他人为我们提供这类的匡助。

无论是对儿童而言，还是对抚养他们长大的成年人来说，从无助的婴儿蜕变为成熟的成年人的这段经历都是痛苦的过程。孩子们不**喜欢**被我们"抚养长大"！他们的成长实际上是对成年人成熟度的一次考验，我们要能在这一过程中表现出近乎超人般的自控力和判断力。什么时候应该把他当作**小宝宝**或**小朋友**对待？什么时候又要试着把他当作**大孩子**或**成年人**看待？他要多久才能学会自己进行探索发现？什么时候我们又该给他解释或讲授一些知识？我们如何才能发现他的思维方式，或是试着向他解释我们的思维方式？如今，很少有人会把儿童视作一张等待书写的白纸，或等待我们填满事实真相的空箱子了。在他们能够理解自我的重要性之前，我们要谨慎地向他们传授知识或技能，保证他们不会将努力行为误解成获得奖励或避免惩罚的方式。

# 🎋 智力和语言的习得

我们会因了解到"早期阶段对儿童智力习得（acquisition of intelligence）极为重要"而感到烦躁不安。人类的智力习得大约有 50% 的概率会出现在 1 至 4 岁，有 30% 的可能性会发生在 8 岁之前，只有 20% 的概率会出现在 8 到 18 岁。但实际上，儿童所处的发育阶段往往比他们的实际年龄更为重要，个体差异往往要比理论标准更为重要。这些年来一直从事儿童教育的专业人士已经一次又一次地证明："要趁早——慢一些"的教学方法要比朝着某个共同标准"加速学习"的传统教学方式更为有效。当儿童能够参与其间且有所领悟时，他们会不遗余力地进行尝试，甚至愿意为此干些苦差事，从而实现自己设定的目标。在这样的情况下，他们只需短短几周时间就能取得惊人的进步，可能会比让他们在无法保证兴趣和理解性的前提下学上几个月（甚至是几年）的效果还好。作为自然递进法（progressive methods，即基于自然学习过程的方法）的教学成果，儿童的学术水平（academic standards）现在已得到了显著提高。那些曾被认为仅适合中学阶段的学习任务，现在已经可以用于小学和幼儿园阶段的教学活动中了。而且，我们现在还会将很多更为机械化的学习任务留到后期进行。这是因为我们意识到当儿童借助前期的学习活动做好了相应准备后，他们可能仅需短短几周就能完成这些机械化的学习任务。

## 观察、评估和记录

幼儿教师最主要的职责就是对儿童的准备情况进行评估和刺激。教师对儿童的仔细观察，以及他们积累下来的学习记录，对教学活动极具价值。显然，我们不可能将 30 个或更多儿童身体、智力、社交和情感发育的方方面面都记在自己的脑海中。如果父母能够向老师提供一些有关自家孩子在学前阶段的发育情况，并不断将他们在成长过程中经历的重要事件分享给老师，显然会对老师的教学活动大有裨益。儿童在态度和情绪方面的反应会严重影响他们的成长发育，这两种反应还密切影响着他们的语言发展。我们当然不希望他们成为一个说话不过脑子，只会像鹦鹉一样死记硬背的人。当然，也不能像猿猴一样，只会不加思考地进行模仿。我们很容易就能够创造出一种环境，让儿童努力按照他们认成年人所希望的那样去说话、行事，但这些旨在寻求成年人认可和爱的孩子却不会因此感受到自己的价值所在。

《教师建议手册》提到："也许儿童最需要的是允许他去做自己，发现别人喜爱和认可的正是这个真实的自己。"

我们这些照料儿童的成年人，要能细致辨别主观判断和客观判断、琐事和要紧的事、紧迫的事和需要耐心等待的事，使我们即便不愿也不能接受儿童的行为举止时，也能始终将他们保护在自己爱的围栏之中。正如艾琳·莫洛尼（Eileen Molony）[1] 所言："优秀教师的定义只有一个，即他或她能让

---

[1] 译者注：艾琳·莫洛尼（1914—1982），英国作家、制片人，曾在 BBC 拍摄《不断扩大的教室》（*The Expanding Classroom*）系列纪录片，探究《普洛登报告》真实执行情况。

儿童学会所需了解的知识。"当然，父母也扮演着教师的角色。因此，所有承担着照料儿童职责的成年人都要牢记：自己的情绪影响着儿童究竟能否顺利进行学习活动，甚至决定着儿童能否学会他们有所需要且想要了解的知识。

## 📖 测验、分数和考试

如今，测验、分数和考试出现在校园中的频率要比以往低多了，这无疑是一件好事。很多人会错误地将考试与客观性画上等号，就好像卷尺能够客观反映长度一样。然而，无论我们多么努力地试图组织一场公正客观的测验活动，仍然会将很多源于主观的评价因素掺杂其间。分数和排名会给人的自信带来严重甚至永久性的损害。正如我们不能期望每个人的身体构造都是一模一样的，就像孵化出的工蜂一样，我们也不能指望每个人都拥有相同的能力。如果每个人的能力是有差异的，那么用于衡量能力的标准自然也不能是唯一的。在现代教育实践中，唯一一种可接受的竞争对比方式就是鼓励儿童与自我表现进行竞争，这一点在儿童生长发育的早期阶段尤为适用。许多成年人如今都已经意识到自己跟儿童相比，丰富的经验阅历是他们仅有的优势所在。成年人如果不能充分利用好这些独有的经验阅历，很可能就会出现儿童强于成年人的情况。每名教师都肯定遇到过比自己聪明很多的学生，有时还不止一个。但在成年人意识到这一真相时，可能并不会因此而感到高兴。

## 竞争和惩罚

除去上述缘由，儿童在早期阶段的状态变化也极为迅速，可能任何成年人都无法确切了解他们究竟应该学些什么。这时，我们就会告诫他们：在面对不可预知的未来时，适应力和自信心也许是你最需要具备的能力。我从教已有 30 多年，在这段短暂的岁月中，人们在儿童所需了解的知识领域方面建立起了不少共识。然而，**今天有关儿童究竟应该学些什么**的困惑和分歧再度取代了先前人们所形成的共识，而我也正是在这样的背景下接受了相应的教学培训。我想成年人最终大多会分为两个阵营：一些人认为儿童是具备自主学习动力的，而另外一些人则坚信他们只会迫于压力而学习。如果你认为后者是正确的，那惩戒措施就是合乎逻辑的，公开的称赞或贬斥将成为有效的教学工具。有些学校甚至会按照学生的表现给他们安排座位顺序。排名第 3 的学生似乎很可能会通过努力学习，收获到晋升为第 2 名或第 1 名时所带来的兴奋感。但又有谁会真的相信学生也是为了排名晋升所带来的兴奋感，而通过努力学习从第 40 名晋升到了第 37 名？更为不幸的是，如果**有人**排在第 1 名，那就一定有人排在最后一名。如果周围的人不断质疑我们的能力，**多数人**会因此丧失对自身价值的信念。"人言可畏"这句话说得太对了。但幸运的是，这种情况反之依然成立，即儿童会努力实现自己所喜爱和信任之人对自己的期待。因此，很多学校现在会努力让每个学生都学会相信自己，坚信自己一定能够取得成功。他们应该逐步了解到自己所具备的才能和存在的问题，从而能够最大限度地发挥自己的天赋，并在认识到自己的问题时，尽可能多地解决掉这些不利因素。此外，他们还要培养自己与某些无法解决的问题共存的能力。

## 🏹 小学阶段的阅读教育

随着对如何才能使儿童达到最佳阅读学习效果这一认识的逐渐加深，我们了解到不适宜的环境也可能会对儿童的学习产生影响，很多孩子会因无法在幼儿园中学会阅读的技巧而使小学教师不得不承担起帮助儿童学习阅读的大部分责任，由此带来的问题是，小学教师必须掌握一些必备的教学技巧。鉴于此，我们希望：教育学院可以在阅读教学领域开设一些综合性课程，学校也要告诉父母他们怎样才能帮上忙，幼儿教师和小学教师也要能够彼此交换意见，借此提高个人教学水平，摒弃对学生不合理的期望态度。在教师掌握了阅读教学的相关技巧后，还要能够持续维护好学生的学习积极性，保证他们能够借助充分的练习，轻松娴熟地进行阅读，并逐步学会更高级的阅读技能，如：浏览、略读、内容识别和记忆，大声朗读给听众听，以不同的速度和细致度进行默读，以及在阅读诗歌、韵文和散文、喜剧、悲剧等类似文本时所需的其他特殊能力。

## 🏹 当代小学及其理念

如今，学生在小学校园中往往能享受到充分的自由，许多父母实际上对此持怀疑态度，他们往往会将这样的情况与放任学生混为一谈。我们需要花费相应的时间进行练习，才能学会应该如何做出明智的选择。游戏是人类独立和生存的一种方式，也是我们学习的一种方式，它表明我们具有学习的意愿。因此，我们会在游戏这一本能的基础上进行学习，因为这种方式要比被迫学习更加经济、高效。有时，要求儿童服从指令很重要，但让他们被迫服从我们的指令却是个风险极高的举动。我们一定要对自己所做的事情负责。因此，在多数时间里，我们要让儿童自己选择要做些什么，以及要花多久做这件事。只有这样，他们才能学会专注和坚持，才能够完成某项困难的任务，化失败为成功，并学会合理地安排自己的时间。在条件允许的情况下，教师会将一个小组、整个班级，甚至几个班的学生召集到一起，共同体验某个经历，或直接讲授某些知识给他们听。他们也许会以传统模式的"讲授"方式进行教学活动，或在时机恰当时由师生共同操作完成某项任务，抑或采取音乐分享、讲述或朗读故事、学着倾听或欣赏他人成就的方式进行教学活动。几天或几周后，教师就会发现自己的学生受到了均衡的教育，学习的内容也涵盖了课程标准要求的各个领域，但未必所有学生都能在同一时间掌握这些知识，他们的学习进度可能会有所差异。

我们总在努力让儿童能够有机会与年长和年幼的孩子一起学习，这一点其实真的很重要。在来到校园前，孩子们就已经错失了自己的关键学习期。在接下来的一生中，他们再也不可能在如此短暂的时间跨度内发生这么大的变化了。我们希望父母能够享受和孩子在一起的时间，跟他们交谈、听他们讲话，跟他们分享读物、玩具和游戏，带他们去散步、参观，帮助他们学会欣赏歌曲，欢迎别人来家中做客，同时也喜欢到他人家中做客，学会善待小朋友和小动物，不畏惧陌生人和全新的经历。显然，每个孩子都有着**不同的**人生经历，即便那些在同一家庭环境中长大的孩子，仅年长、年幼或年岁居中，这些年龄上的差异都会对他们的生活造成巨大的影响。因此，当孩子步入校园时，他们所**需要**的东西也是不一样的。有些孩子需要重复某个经历，或探索一种新的材料，或跟年龄更小的孩子一起玩耍，不会因此感到幼稚或难为情。另外一些孩子则需要鼓起勇气，尝试一些自认为难度过高的活动，对大孩子或能力更强的孩子进行观察，或休息一会儿，驻足凝视远方。

因此，我们要鼓励儿童在学校里自由行动，当然他们也要学着懂事一些，还要学会有礼貌。孩子们可以借此了解到每位老师都有着不同的技能和兴趣，他们还会喜欢研究校园各处的陈列，观察朋友制作的模型和图片，与生活老师、厨师或学校的访客交谈，并借助其他方式激发他们的兴趣，提高他们的表现水平。他们会在自由行动间了解到可以从何处寻找到自己需要的帮助或信息，以及阅读、书写和数学能力等工具性学科的用处和价值。

无论在生活中从事何种工作，我们认为人都要能够独立思考。他们既要能独立工作，又要能在特定情况下与他人亲密且愉快地合作，还要能借助文字和动作与他人沟通交流，不会产生误解，并可以接受别人的想法和自己不同，承认这样才能让生活变得更加有趣，更要能够意识到知识的增长是如此之快，许多"真相"在自己学会前，就已经不正确了。事实上，那些对自身有着良性认知且自重的人，往往都能与他人和平相处，会给予他人以尊重和支持，并能与之建立起深厚的友谊关系。

我们对他人及其行为方式的了解越多，就越容易理解他们想要借此表达的含义。各类文学作品记载了人类对了解自身，以及领悟探索与发现、思想与信仰、愿望与恐惧、爱与残酷、乐观主义与悲观主义的兴趣。显然，我们必须尽己所能为儿童提供这样一把能够打开领悟人类认识宝库的钥匙，并期盼着他们能够不断为之补充全新的理解和认识。

# 结 语
## Conclusion

**1. 书单。**笔者认为如果想在本书内容的基础上，引导读者进一步阅读更多材料，那这个范围将极为宽泛，因此没有在书中提供相应的书单。

公共图书馆，尤其是这些图书馆中那些对儿童图书感兴趣的图书馆员，总能为我们提供最有效的帮助，他们也是父母最好的信息来源。

此外，正在接受相关培训的学生也可以到大学图书馆查阅资料，并从自己的导师处获得专业建议。

对幼儿园和小学校园中的实习教师而言，首先要学会充分利用学校的藏书和阅读材料，并在资金允许的情况下，补充一些自制的和市面上买来的教学器具。多数学校每年都会拨出一笔资金专门用于图书采购。有些地方的教育部门也会提供图书采购的专项贷款。有些教师还可以充分利用教师中心、在职课程和展览会上的图书，比如国家图书联盟（National Book League）或教育与科学部坦恩作品集（Tann Collection）的图书，这些书往往可供教育督导员借阅。通常情况下，图书馆员和当地教育学院的图书馆也很欢迎教师前来咨询。有些大学还会为教师访问图书馆提供便利条件，或开设专门的图书馆供其使用。有关特殊教育技巧方面的建议，则可以向补救性阅读课程的教师和教育心理学家进行咨询。

**2. 市面上的材料。**如前文所述，在使用任何分级阅读方案前，最重要的是先对教师手册进行研读。

我们要对使用的材料和教学器具进行严格评估。所购买材料的价格要与其原材料成本和制作所需花费的时间成本相匹配。可供长期使用的多功能教学器具也许也值得我们购买。部分用于练习的材料往往属于消耗性素材，且很容易就可以借助复印机制作，就没必要另行购买了。有些游戏或教学器具必须为个别儿童单独设计制作，可能也属于消耗性素材，也没必要购买。那种以为在自制教学材料时不必过于细致谨慎的想法，绝对是错误的。纸张整齐的切边、高标准的字迹、需要配对的素材**完全一致**，甚至那种这是"为我一个人"专门定制的想法所带来的被重视的感觉，都是教学情境布置的重要组成部分，有助于我们提高儿童的学习效果。

现在，很多教学活动都是个性化的，因此亟须具备自我纠正效用的教学器具，或可由儿童自行标记的附加材料。这不仅可以帮助我们节省时间，还能培养学生形成责任感和独立性。很多孩子喜欢结对学习，他们可以借此对自己和同伴的成果进行检查。相较传统的竞争对比模式和渴望获得高分或象征身份地位标识（如小星星贴纸）的教学模式，这种主张合作态度的学习方式更为可取。

我们可能会在教室中配置一些**教学设备**，但其初装费用和维修、保养却是个不容忽视的问题。有些儿童在没有老师持续给予鼓励的情况下是没有心思学习的。我们刚开始确实曾希望可以借助机器设备、语言实验室等来替代教师的部分工作，但现在看来，这一愿景能够实现的可能性越来越渺茫了。不过在某些专业条件下，如在补救性的教学活动中，部分儿童似乎还是可以在教学设备的辅助下，借助训练过程中机器给出的高强鼓励克服某些特定困难的。

**卡式磁带录音机**在正常教学活动中极为实用，小朋友一般都能轻易且自信地操作这些机器。

**3. 索引**。这本书尚不具有提供索引的必要性，但涉及的专业内容都在章节中有所提及。阅读教学领域已出版了很多专业书籍，有关详细的教学技巧或关于课堂活动的额外想法，读者可以参考这类书籍。教师手册也是很实用的参考素材，其中会提供很多关于课堂活动的创意设想。

**4. 广播和电视**。如果学生已经做好了充足的准备，教师也能持续跟进学生的学习状态，这两类教学媒介在小学阶段的教学活动中便可引入。但对小朋友而言，广播和电视所提供的刺激可能会与他们最初的期望有差距，问题主要在于与他人的肢体接触对儿童这一阶段的言语学习非常重要。小朋友的"教学距离"通常在一臂之内，而对部分儿童来说，甚至必须辅以直接的肢体接触他们才能学习。"盒子"里发出的声音，或屏幕中的面孔发出的声音，这时还不足以有效替代教师发出的声音。

随着儿童听力和言语能力的不断提高，广播和电视节目对学生的实用价值也在不断提升，但很大程度上其仍有赖于教师的展示才能达到相应的教学效果。

著作权合同登记号 图字：01-2023-6074

## 图书在版编目（ＣＩＰ）数据

写给家长与教师的阅读指南 / （英）帕梅拉·麦基翁著；张晨译. -- 北京：现代教育出版社，2024.6
ISBN 978-7-5106-9409-7

Ⅰ. ①写… Ⅱ. ①帕… ②张… Ⅲ. ①阅读教学－教学研究 Ⅳ. ①H09

中国国家版本馆CIP数据核字(2024)第098681号

## 写给家长与教师的阅读指南

| | | | |
|---|---|---|---|
| 著　者 | [英] 帕梅拉·麦基翁 | 电　话 | 010-64251036（编辑部） |
| | | | 010-64256130（发行部） |
| 译　者 | 张晨 | | |
| 选题策划 | 王春霞 | 印　刷 | 北京新华印刷有限公司 |
| 项目统筹 | 王晨宇 | 开　本 | 889 mm×1194 mm 1/32 |
| 责任编辑 | 李维杰 | 印　张 | 9.875 |
| 特邀编辑 | 赵晖 | 字　数 | 220 千字 |
| 装帧设计 | 孙初 申祺 | 版　次 | 2024 年 6 月第 1 版 |
| 出版发行 | 现代教育出版社 | 印　次 | 2024 年 6 月第 1 次印刷 |
| 地　址 | 北京市东城区鼓楼外大街 26 号 | 书　号 | ISBN 978-7-5106-9409-7 |
| | 荣宝大厦三层 | 定　价 | 59.00 元 |
| 邮政编码 | 100120 | | |